업무 생산성을 확 높이는 AI 서비스

업무별 57개 AI 활용을 위한 중요 기능 설명

김종철 지음

BM (주)도서출판 성안당

Foreign Copyright:
Joonwon Lee   Mobile: 82-10-4624-6629

Address: 3F, 127, Yanghwa-ro, Mapo-gu, Seoul, Republic of Korea
         3rd Floor
Telephone: 82-2-3142-4151
E-mail: jwlee@cyber.co.kr

업무 생산성을 확 높이는
AI 서비스

2025. 1. 8. 초판 1쇄 인쇄
2025. 1. 15. 초판 1쇄 발행

지은이 | 김종철
펴낸이 | 이종춘
펴낸곳 | [BM] (주)도서출판 성안당
주소 | 04032 서울시 마포구 양화로 127 첨단빌딩 3층(출판기획 R&D 센터)
       10881 경기도 파주시 문발로 112 파주 출판 문화도시(제작 및 물류)
전화 | 02) 3142-0036
       031) 950-6300
팩스 | 031) 955-0510
등록 | 1973. 2. 1. 제406-2005-000046호
출판사 홈페이지 | www.cyber.co.kr
ISBN | 978-89-315-8687-9 (93000)
정가 | 20,000원

이 책을 만든 사람들
책임 | 최옥현
진행 | 최창동
본문 디자인 | 인투
표지 디자인 | 임흥순
홍보 | 김계향, 임진성, 김주승, 최정민
국제부 | 이선민, 조혜란
마케팅 | 구본철, 차정욱, 오영일, 나진호, 강호묵
마케팅 지원 | 장상범
제작 | 김유석

■ 도서 A/S 안내

성안당에서 발행하는 모든 도서는 저자와 출판사, 그리고 독자가 함께 만들어 나갑니다.
좋은 책을 펴내기 위해 많은 노력을 기울이고 있습니다. 혹시라도 내용상의 오류나 오탈자 등이
발견되면 **"좋은 책은 나라의 보배"**로서 우리 모두가 함께 만들어 간다는 마음으로 연락주시기
바랍니다. 수정 보완하여 더 나은 책이 되도록 최선을 다하겠습니다.
성안당은 늘 독자 여러분들의 소중한 의견을 기다리고 있습니다. 좋은 의견을 보내주시는 분께는
성안당 쇼핑몰의 포인트(3,000포인트)를 적립해 드립니다.

잘못 만들어진 책이나 부록 등이 파손된 경우에는 교환해 드립니다.

머리말

"AI 서비스, 혁신의 새로운 표준을 만들다."

2022년 11월 30일 ChatGPT가 출시된 후 인공지능 서비스의 발전 속도는 상상을 초월할 정도로 빠르게 발전하고 있습니다. 우리는 인공지능(AI)이 단순한 기술적 진화를 넘어, 삶과 비즈니스 전반에 걸쳐 변화를 주도하는 시대에 살고 있습니다. AI는 이제 하나의 도구를 넘어, 창의적이고 실용적인 서비스를 만들어 내는 중심축이 되고 있습니다.

AI 서비스는 기업에는 경쟁력을, 소비자에게는 더 나은 경험을 제공합니다. 고객 맞춤형 추천, 스마트한 문제 해결, 자동화된 프로세스 등은 이미 우리 주변에서 쉽게 찾아볼 수 있습니다. 하지만 그 이면에는 복잡한 기술, 철저한 전략, 그리고 끝없는 도전이 숨어 있습니다.

AI 서비스는 단순히 미래의 가능성을 말하는 것이 아니라, 이미 현재를 바꾸고 있는 강력한 도구입니다. 이 책을 통해 AI 서비스의 세계를 깊이 이해하고, 다가올 기회를 주도적으로 잡아가길 바랍니다.

"AI 서비스가 가져올 변화는 무한합니다. 이 책이 여러분의 첫걸음에 든든한 동반자가 되기를 희망합니다."

이 책은 ChatGPT와 AI 서비스를 활용하여 누구나 쉽게 일상이나 업무에서 편리하게 콘텐츠를 만드는 방법을 소개하고 있습니다. AI 서비스가 어렵다는 선입견을 버리고 그대로 따라 하다 보면 누구나 쉽게 사용할 수 있을 것입니다.

저자는 현장에서 AI 강의를 무수히 진행하면서 업무에 실질적으로 활용이 가능한 서비스가 어떤 것인지를 안내할 수 있는 도서가 필요함을 절실히 느꼈습니다. 이 책은 누구나 쉽게 이해하고 실용적으로 적용할 수 있도록 만들어졌습니다.

이 책이 AI 서비스의 가능성을 탐색하고 자신만의 업무에 활용되기를 바라며, 책이 나오기까지 도움을 주신 성안당 관계자에게 진심으로 감사의 말씀을 드립니다.

2024년 눈 내리는 겨울 김종철

추천사

AI 서비스의 시대, 혁신의 길을 열다.

인공지능(AI)은 이제 단순한 기술이 아니라 우리 삶과 비즈니스의 필수적인 도구로 자리 잡았습니다. 특히 AI를 활용한 서비스는 고객 경험을 혁신하고, 비즈니스 프로세스를 최적화하며, 새로운 시장의 가능성을 열어가고 있습니다.

이 책은 AI 서비스를 이해하고 성공적으로 활용하고자 하는 모든 이들에게 실질적인 지침과 영감을 제공합니다. AI 서비스의 기본 개념과 기술적 원리, 실제 활용 사례, 그리고 비즈니스 전략을 종합적으로 다루며, 초보자부터 전문가까지 누구나 쉽게 접근할 수 있는 내용을 담고 있습니다.

AI 서비스를 통해 더 나은 미래를 설계하고자 한다면, 이 책은 당신의 여정을 위한 최고의 동반자가 되어줄 것입니다.

- **서성용** / SK텔레콤 / Enterprise사업부

미래를 바꾸는 기술, AI를 읽다.

인공지능(AI)은 21세기의 가장 혁신적인 기술로 우리의 삶과 사회에 지대한 영향을 미치고 있습니다. AI는 단순히 기술적인 발전을 넘어, 인간의 사고방식을 새롭게 정의하고 문제를 해결하며, 우리 주변의 세상을 이해하는 방식을 바꾸고 있습니다.

이 책은 AI의 본질을 이해하고자 하는 이들에게 친절한 가이드가 되어 줄 것입니다. 입문자부터 전문가까지, 각자의 수준에 맞는 깊이 있는 통찰을 제공하며, AI의 현재 그리고 미래를 폭넓게 탐구합니다.

오늘날의 빠르게 변화하는 기술 환경에서 인공지능을 이해하는 것은 단순한 선택이 아니라 필수입니다. 이 책과 함께 AI의 세계를 탐구하며 새로운 가능성과 도전 과제에 대한 영감을 얻으시길 바랍니다.

- **박재완** / LG디스플레이 / Alliance1팀 / 책임

AI와 함께 열어가는 미래의 문

인공지능(AI)은 단순한 기술 이상의 혁명을 일으키며 우리의 삶과 세상을 근본적으로 바꿔 나가고 있습니다. 그러나 이 거대한 변화 속에서 AI의 본질과 가능성을 제대로 이해하기란 쉽지 않습니다.

이 책은 AI 서비스의 기초부터 응용 기술, 그리고 활용 고민까지 포괄적으로 다루며 독자들을 흥미진진한 지식의 여정으로 초대합니다. 복잡한 기술적 개념도 이해하기 쉽게 풀어내어 AI 서비스에 관심 있는 누구라도 이 분야에 자신감을 갖고 다가설 수 있도록 돕습니다.

미래는 AI와 함께 만들어질 것입니다. 이 책을 통해 AI가 우리에게 제시하는 무한한 가능성을 탐구하며 다가올 변화를 준비할 통찰과 영감을 얻어 보세요.

- 박찬예 / 삼성전자 / 한국총괄 플랫폼기획그룹 / 과장

AI와 함께하는 내일을 그리다.

인공지능(AI)은 더 이상 먼 미래의 이야기가 아닙니다. 우리의 일상 곳곳에 스며들며, 혁신과 변화를 주도하고 있습니다. 이 책은 AI라는 복잡한 주제를 친절하고 흥미롭게 풀어내, 기술 초보자부터 전문가까지 모두에게 유익한 지식을 제공합니다.

AI 서비스의 기초부터 응용 사례, 나아가 사무실에 바로 사용까지 아우르는 이 책은 독자들이 AI의 현재와 미래를 폭넓게 이해할 수 있도록 돕습니다. 이 책은 단순히 기술을 설명하는 데 그치지 않고, 인간과 AI가 공존하며 만들어 갈 세상을 꿈꾸게 합니다.

다가오는 AI 시대를 준비하고 싶으신가요? 이 책과 함께 AI가 그려내는 미래를 탐구하며, 여러분의 비전과 가능성을 확장해 보세요.

- 박재성 / SK 하이닉스 / Mobile&Graphic AE / TL

• 본 도서에 소개한 대부분의 AI 서비스를 설명대로 학습하려면, 회원가입 후 로그인해야 합니다.
• 일부 AI 서비스는 유료 가입을 해야 합니다.
• 회원은 구글 ID로 가입하면 다른 서비스를 이용할 때 편리하게 관리할 수 있습니다.
• 각 AI 서비스 설명 시 해당 사이트에 접속하여 로그인하는 해설은 생략했습니다.

PART 01 ▸▸ AI 서비스

PART 02 ▸▸ 이미지

PART
04 ▸▸ Web Page 개발

PART
05 ▸▸ OA(Office Automation)

PART
06 ▸▸ 업무 생산성 향상

PART 07 ▸▸ 유용한 웹/앱

이번 Part에서는 다양한 AI 서비스와 ChatGPT의
특징에 대해 알아본다.

1 ChatGPT 개요

ChatGPT는 OpenAI가 개발한 대화형 인공지능 챗봇으로 2022년 12월 서비스 시작 후 폭발적인 반응을 보여주었다. 말의 맥락을 이해하고, 이전 사용 기록을 기억하며, 말을 자유자재로 생성하는(이해형 AI→생성형 AI) 형태를 가지고 있다. GPT-3.5라는 대형 언어 모델(LLM)을 기반으로 만들어졌으며, 지도학습과 강화학습을 통해 훈련되었다. 이를 통해 ChatGPT는 자연스러운 대화, 질문 답변, 문서 작성 등 다양한 작업을 수행할 수 있다. ChatGPT는 지속적으로 발전하고 있으며, 향후 더 다양한 기능과 활용 분야가 추가될 것으로 예상된다. 특히 AI 기술의 발전에 따라 ChatGPT의 대화 능력, 지식 범위, 문제 해결 능력 등이 향상될 것으로 보이며, 다국어 지원, 맞춤형 서비스 제공 등 사용자 경험 개선도 기대된다.

ChatGPT는 인공지능 기술의 발전을 보여주는 대표적인 사례이며, 앞으로 ChatGPT와 같은 AI 시스템이 우리 삶에 어떤 변화를 불러올지 기대된다.

1 주요 서비스별 이용자 100만 명 달성 소요 기간

ChatGPT	인스타그램	스포티파이	페이스북	에어비앤비	넷플릭스
5일	2.5개월	5개월	10개월	2.5년	3.5년

2 생성형 AI의 정의와 특징

특징	생성형 AI	시나리오 AI
학습 데이터	대량의 데이터로부터 스스로 학습	미리 만들어진 규칙 또는 스크립트 사용
활용 분야	이미지, 음악, 텍스트, 비디오, 게임, 예술 등	대화형 챗봇, 가상 어시스턴트, 로봇 등
결과물	새로운 데이터를 생성하거나 기존 데이터를 수정	미리 정해진 스크립트에 따르는 행동 및 응답
모델	GPT-3, DALL-E, StyleGAN	IBM Watson, Google Dialogflow, Amazon Lex 등

AI Tip

GPT(Generative Pre-trained Transformer)는 생성 사전 학습 변형기로 방대한 텍스트 데이터를 사전 학습하여 인간과 유사한 언어 생성 능력을 갖추고 있는 것을 말한다.

3 생성형 AI 종류

특징	Google Gemini	Wrtn	ChatGPT
알고리즘	규칙 기반 및 머신 러닝	딥 러닝(GAN)	딥 러닝(언어 생성)
학습 데이터	다양한 소스에서 생성된 데이터	뉴스 기사 및 웹 페이지 등의 데이터	다양한 데이터(인터넷 기사, 웹 사이트 등)
응답 속도	빠름	빠름	느림
개인화	가능	불가능	가능
API 지원	가능	가능	가능
커스터마이즈	불가능	가능	가능

AI Tip

ChatGPT를 만든 OpenAI(https://openai.com)는 미국의 인공지능 비영리 기업으로 2015년 10월에 테슬라의 일론 머스크, 와이 콤비네이션의 샘 알트먼, 링크드인의 레이드 호프만, 페이팔의 피터 틸 등이 투자해서 설립했다. 2019년에는 마이크로소프트가 1조 원을 투자했고, 2022년 11월 30일 웹으로 ChatGPT 서비스(https://chatgpt.com)를 시작했다.

4 주요 ChatGPT 버전 차이

구분	GPT-3.5	GPT-4
출시일	2022년 11월	2023년 3월
세션당 토큰 제한	4,096개(약 3,000개 단어)	32,768개(약 25,000개 단어)
특징	텍스트를 입력하면 텍스트로 출력	텍스트뿐 아니라 이미지도 입력 가능, 결과물은 텍스트로 출력
가격	무료	유료

5 ChatGPT 활용법

- 구체적이고 명확하게 질문한다.

- Input을 정확하게 해야 Output도 정확하다.

- ChatGPT에게 원하는 역할을 부여한다.

- 많은 대화를 통해 학습할수록 특정 작업을 더 뛰어난 성능으로 수행한다.

- 목적에 맞게 Chat 방을 분리해서 운영한다.

- 목적이 분명하지 않으면 좋은 답변이 나오지 않는다.

- 중요한 내용일 경우 사실 관계 확인 및 출처 등 팩트 체크를 한다.

6 파일 I/O 가능

ChatGPT는 PDF, DOC, TXT, XLSX, CSV, PPTX, JPG, PNG, GIF, PY, JS, HTML, CSS 등 파일을 업로드하여 작업할 수 있다.

 메시지 ChatGPT

AI Tip

유료 버전(Plus 기준으로 매월 USD 20$ 결제)은 GPT-3.5, GPT-4, GPT4o의 사용이 가능하며 고급 데이터 분석, 파일 업로드, 비전, 웹 검색에 액세스, DALL·E를 활용한 이미지 생성, 맞춤형 GPT 생성 및 사용이 가능하다.

AI Tip

멀티 모달(Multi Modal)은 텍스트·이미지·동영상·음성 등의 다양한 데이터를 통합적으로 처리할 수 있는 AI 기술을 말한다. 특히 GPT-4o는 음성 기술을 크게 향상하여 대화 내용에 따라 감정을 표현하거나 출력 속도가 빨라서 실제 사람과 대화하는 느낌을 준다.

AI Tip

OpenAI는 구글이 독점하고 있는 글로벌 검색 엔진을 타깃으로 서치GPT를 출시했다. AI 기반 검색 엔진이 구글 등 기존 검색 엔진과 다른 점은 검색 결과를 요약해 준다는 것이다. 따라서 서치GPT는 명확하고 관련 출처를 가진 빠르고 시의적절한 답변 제공을 할 수 있게 되어 향후 이용자들이 보다 자연스럽고 직관적인 방식으로 검색하고 대화에서 후속 질문을 할 수 있게 되었다.

2 OpenAI DALL·E / Sora

프롬프트를 이용하여 이미지 생성하기

DALL·E는 OpenAI가 개발한 자연어 서술로부터 이미지를 생성하는 기계 학습 모델이고, Sora는 Text To Video 모델로 시각적 품질을 유지하고 사용자의 메시지를 준수하면서 최대 1분 길이의 비디오를 생성할 수 있다.

1) DALL·E

DALL·E는 OpenAI가 개발한 자연어 서술로부터 이미지를 생성하는 기계 학습 모델이다. 영어 외 다수의 언어를 이해하며, 한글로 작성된 프롬프트(명령어)도 굉장히 잘 이해한다. DALL·E가 출시되면서 원하는 이미지를 검색해서 사용하는 것이 아닌 필요할 때마다 직접 만들어서 업무에 사용하는 시대가 열렸다.

DALL·E 3
창밖으로 도시 풍경이 보이는 현대 일본 미학의 영향을 받은 넓고 고요한 객실입니다.

DALL·E 3
고요한 그리스 섬 환경에 파란색 액센트와 생동감 넘치는 자홍색 부겐빌레아가 있는 흰색 키클라데스 주택.

기능 확인하기

1 프롬프트(20대 남성이 지하철역에서 기다리고 있는 이미지 만들어줘)를 입력한 후 [Enter]를 누른다. 이미지는 물어볼 때마다 다르게 생성할 수 있다.

AI Tip

프롬프트를 입력한 후 ⬆를 클릭해도 된다.

2 멋진 이미지가 만들어진다.

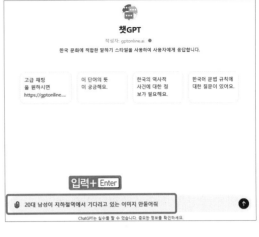

AI Tip

DALL·E를 이용한 이미지 생성은 유료 가입자만 사용할 수 있다(무료 가입자는 하루에 2개 생성 등 제한적으로 사용).

3 다른 이미지를 만들기 위해 추가할 프롬프트(**20대 여성과 같이 기다리는 이미지 만들어줘**)를 입력한 후 [Enter]를 누르면 새로운 이미지가 생성된다. 이렇듯 원하는 이미지가 만들어질 때까지 대화하면서 만들 수 있다.

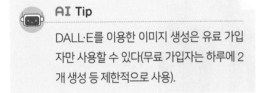

입력+Enter

📎 20대 여성과 같이 기다리는 이미지 만들어줘

4 이미지를 저장하기 위해 생성된 이미지를 클릭한다.

AI Tip
이미지 위의 ⬇를 클릭해도 된다.

5 화면 오른쪽 위의 〈저장(⬇)〉을 클릭한다.

AI Tip
마우스 오른쪽 단추를 클릭한 후 [이미지를 다른 이름으로 저장] 메뉴를 선택해도 된다.

6 저장된 이미지 파일을 클릭한다.

AI Tip

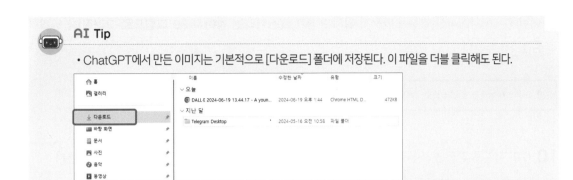

- ChatGPT에서 만든 이미지는 기본적으로 [다운로드] 폴더에 저장된다. 이 파일을 더블 클릭해도 된다.

- ChatGPT에서 만든 이미지는 .webp 파일로 저장된다. .webp 파일은 구글에서 만든 이미지 포맷으로, '웹피' 라고 읽으며 웹(web) 환경을 위해서 만들어진 효율적인 이미지 포맷이다.

7 이미지 위에서 마우스 오른쪽 단추를 클릭한 후 [이 미지를 다른 이름으로 저장] 메뉴를 선택한다.

8 원하는 파일 이름을 입력한 후 〈저장〉을 클릭한다. 파일 이름을 입력할 때는 확장자까지 입력한다.

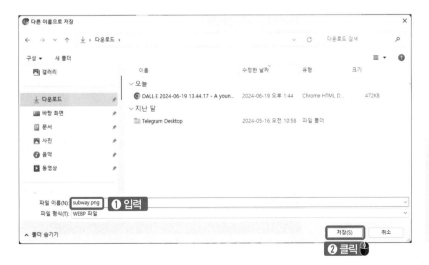

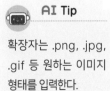

AI Tip

확장자는 .png, .jpg, .gif 등 원하는 이미지 형태를 입력한다.

9 이번에는 애니메이션 영상을 만들기 위해 프롬프트(**스키타는 강아지 3D 그림으로 그려줘**)를 입력한 후 Enter 를 누른다.

10 GIF 파일로 만드는 프롬프트(**움직이는 GIF 이미지로 만들어줘**)를 입력한 후 Enter 를 누른다.

11 생성된 이미지를 보기 위해 '**여기에서 다운로드**'를 클릭한 후 만들어진 이미지를 클릭한다.

12 GIF 이미지를 볼 수 있는데, 우리가 생각하는 고품질의 움직이는 이미지는 아니지만, 점점 발전하고 있는 모습을 볼 수 있다.

AI Tip

'이미지 한가운데로 줌인하는 이미지 만들어줘', 'GIF 파일을 .MP4 영상 파일로 변환해줘', '전환 효과는 0.3초
로 1프레임당 0.6초로 만들어줘' 등의 프롬프트를 사용하면 다양한 애니메이션 이미지를 만들 수 있다. 아직은
애니메이션 파일을 만들 때 오류가 나기도 하는데, 이럴 때는 잠시 후에 실행하면 된다.

2) Sora

 기능 확인하기

1 Sora는 OpenAI가 개발한 Text To Video 모델로 시각적 품질을 유지하고 사용자의 메시지를 준수
하면서 최대 1분 길이의 비디오를 생성할 수 있다. 초기에 정적인 노이즈로 시작해 점차 노이즈를 제거하
며 비디오를 세밀하게 변형시키는 과정으로 만든다.

– 출처 : https://openai.com/index/sora

2 프롬프트 예 : 여러 마리의 거대한 털북숭이 매머드가 눈 덮인 초원을 밟고 다가온다. 그들의 긴 털북
숭이 털은 걸을 때 바람에 가볍게 날린다. 저 멀리 눈 덮인 나무와 드라마틱한 눈 덮인 산, 희미한 구름이
있는 한낮의 햇살과 하늘 높이 떠 있는 태양은 따뜻한 빛을 만들어내고, 낮은 카메라 뷰는 아름다운 사진
과 피사계 심도로 커다란 털북숭이 포유류를 포착하는데 놀랍다.

 AI Tip

Sora는 기존의 정지 이미지나 비디오를 가져와서 확장하거나 누락된 프레임을 채워, 이미지의 세부 사항을 정확
하게 애니메이션화할 수 있다.

3 맞춤형 챗봇 GPTs
프레젠테이션 만들기

2023년 11월 6일 발표된 GPTs는 GPT-4 모델을 기반으로 사용자가 특정 목적을 위한 자신만의 AI 챗봇을 구축할 수 있는 도구로, 실시간 웹 탐색을 통해 최신 정보를 제공하며, 현재 시점에서 발생한 사건이나 최신 뉴스를 포함한 최신 데이터를 실시간으로 검색하고 제공한다. 특히 코딩 지식이 없는 사용자도 챗봇을 손쉽게 구축할 수 있는 장점이 있다.

AI Tip

적절한 프롬프트(사전 지시문)를 넣고, 필요한 경우 나의 지식 데이터 파일을 업로드하거나 외부 API를 연결하면 된다. 예를 들어 챗봇을 만들 때 Pet과 관련한 데이터 파일을 올리고 Pet 전문가 역할을 해달라고 하면, 나만의 Pet 상담 전문가 챗봇을 운영할 수 있게 된다. 앞으로 다양한 능력을 가진 GPT 챗봇들이 쏟아져 나올 것이고, 이를 통해 나만의 아이디어와 데이터가 있는 챗봇을 필요할 때마다 만드는 것이 일상화될 것이다. 이는 마치 스마트폰에서 앱을 다운로드하여 사용하듯이 GPT 스토어에서 챗봇을 찾아 사용하는 시대가 온 것이다.

기능 확인하기

1 ChatGPT 초기 화면에서 **[GPT 탐색]**을 클릭한다.

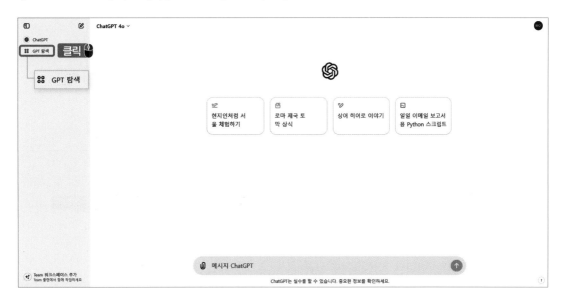

2 ChatGPT를 이용하여 프레젠테이션 파일을 만들기 위해 《Canva》를 클릭한다.

 AI Tip

무료 가입자는 제한적으로 사용이 가능하다.

3 〈채팅 시작〉을 클릭한다.

4 프롬프트에 만들려는 PT의 내용(**여름 이야기 PT로 만들어줘. 한글로**)을 입력한 후 Enter 를 누른다.

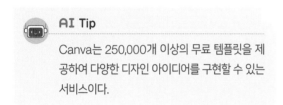

5 원하는 디자인을 확인하고 작업할 PT를 클릭한다.

6 Canva가 실행되면서 PT를 편집할 수 있는 화면이 나타난다.

 AI Tip

Canva에 미리 회원가입이 되어 있으면 보다 다양한 작업을 할 수 있다.

 AI Tip

GPT 탐색을 사용하면 메인 화면 왼쪽에 등록되어 언제든 편하게 실행할 수 있다. 등록을 해제할 때는 ⋯ 을 클릭한 후 '사이드바에서 숨기기'를 선택한다.

GPT 탐색은 글쓰기, 생산성, 연구 및 분석, 교육, 라이프스타일, 프로그래밍 등의 분야를 사용할 수 있으며, 수백만 개의 챗봇이 등록되어 있고, 그 수는 계속 증가하고 있다.

4 Microsoft Copilot

여행 계획 / 이미지 만들기

Microsoft Copilot은 자연어 처리(NLP)와 기계 학습(ML) 기술을 활용하여 사용자의 생산성을 향상시키고, 반복적인 작업을 줄여주는 것을 목표로 하는 AI 도구로, 사용자들이 더 효율적으로 작업을 수행할 수 있도록 돕는 역할을 한다.

1) Copilot(AI 검색)

1 Microsoft Edge 브라우저를 실행한 후 '**Copilot 열기**'를 클릭한다.

AI Tip

- Copilot은 Edge 브라우저에서 가장 효율적으로 사용 가능하다.
- Copilot을 실행하는 또 다른 방법으로는 Win+C 를 누르거나 'https://copilot.microsoft.com'에 접속해도 된다.

2 원하는 프롬프트(가을에 가장 가 볼만한 곳 추천해줘)를 입력한 후 Enter 를 누른다.

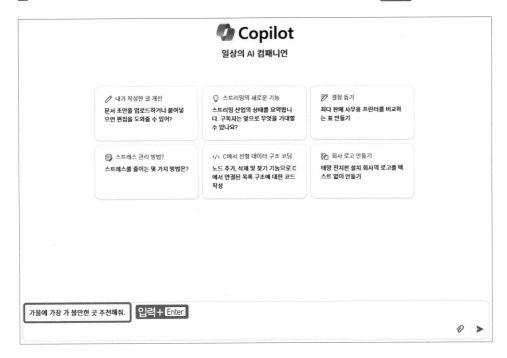

3 다양한 추천 여행지가 표시되는데, 원하는 여행지를 클릭하면 좀 더 자세한 정보를 볼 수 있다.

2) Designer(이미지 생성/분석)

1 이미지를 만들기 위해 원하는 프롬프트(**스키 타는 강아지 그림 그려줘**)를 입력한 후 [Enter]를 누른다.

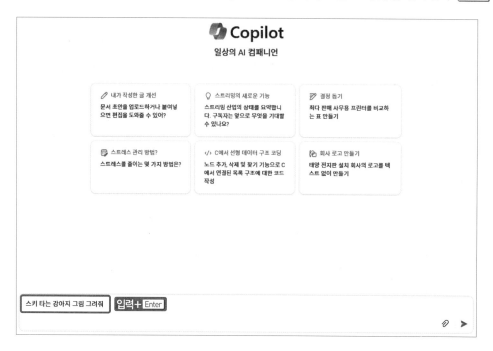

 AI Tip

멋진 이미지를 작성하기 위해 프롬프트를 입력할 때는 주제, 이미지 배경, 분위기, 색감, 앵글, 조명, 재료, 재질, 스타일, 만화가 등을 고려하여 입력하면 다양한 이미지를 생성할 수 있다.

2 스키 타는 강아지 이미지가 생성되면, 저장할 이미지를 클릭한다.

3 〈다운로드〉를 클릭한다.

4 [다운로드] 폴더에 저장된 파일을 볼 수 있다.

 AI Tip

Microsoft Copilot Designer는 GPT-4 모델 검색에 특화하여 Bing에서 검색한 최신 정보들을 이용해 답변해 준다. 답변에는 어느 사이트를 참고했는지에 대한 출처가 각주 형태로 함께 표시된다.

 AI Tip

IMAGE BUILDER(https://imgbuild.netlify.app)는 Prompt를 만들기 어려운 사용자를 위해 만든 서비스이다. 다양한 작품의 Prompt 내용이 있기 때문에 AI 이미지를 생성할 때 편리하다.

5 이미지 생성, 분석 등 여러 형태의 입력과 출력을 처리할 수 있는 멀티모달 기능을 사용하기 위해 **⟨파일 추가⟩**를 클릭한다.

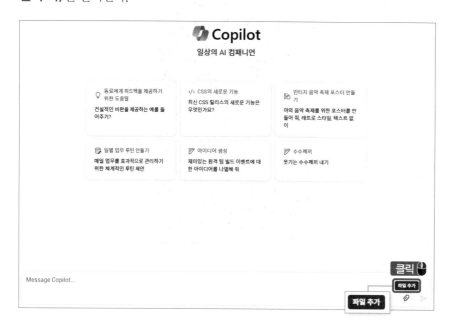

6 분석할 이미지**(공항)**를 선택한 후 ⟨열기⟩를 클릭한다.

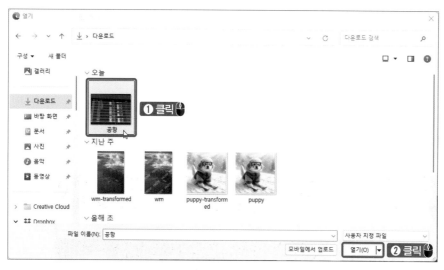

AI Tip

파일이 보이지 않을 경우 '모든 파일'로 변경한다.

파일 이름(N):	공항		사용자 지정 파일
			사용자 지정 파일
		모바일에서 업로드	모든 파일

7 프롬프트**(이미지 설명 부탁해)**를 입력한 후 Enter 를 누른다.

8 보다 구체적인 정보를 얻기 위해 프롬프트**(전광판에 표시된 도시와 시간을 목록으로 설명부탁해)**를 입력한 후 Enter 를 누른다.

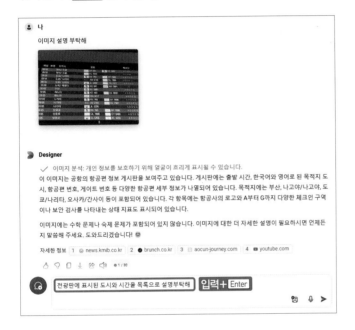

9 전광판에 표시된 도시와 시간을 목록으로 표시해 준다.

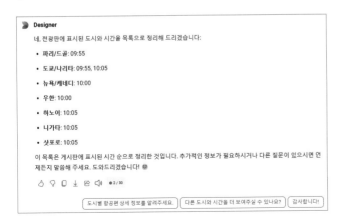

3) Vacation planner(1박 2일 통영여행 계획)

1 여행계획을 만들기 위해 원하는 프롬프트(**통영 여행코스 1박2일 부탁해**)를 입력한 후 Enter 를 누른다.

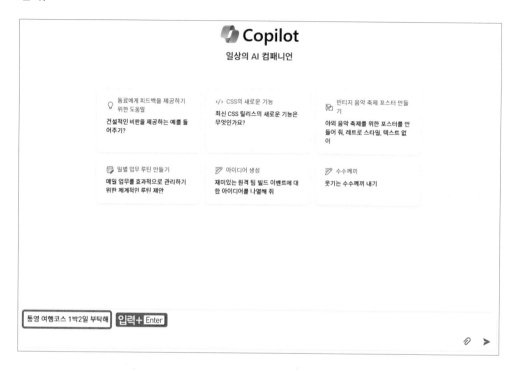

2 1박 2일 통영에서의 여행 계획을 추천해 준다.

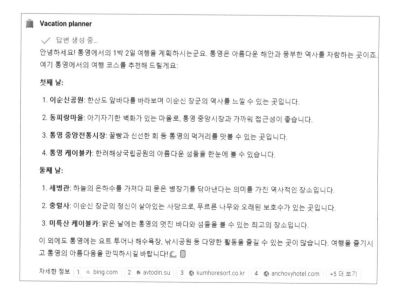

AI Tip

Copilot은 안드로이드, 아이폰 등의 모바일에서도 사용 가능하다.

5 뤼튼

프레젠테이션 나만의 챗봇 서비스 만들기

https://wrtn.ai

뤼튼(WRTN)은 AI 어시스턴트로 GPT-4o, Claude-3 등 최고 수준의 AI 모델들을 활용하여 효율적이고 정확한 응답을 생성한다. 뤼튼의 주요 기능은 사용자의 질문과 요구사항을 정확히 파악하고, 그에 맞는 최적의 솔루션을 제공하는 것이다. 다양한 주제에 대해 폭넓은 지식을 가지고 있어 사용자의 다양한 요구사항을 해결할 수 있다.

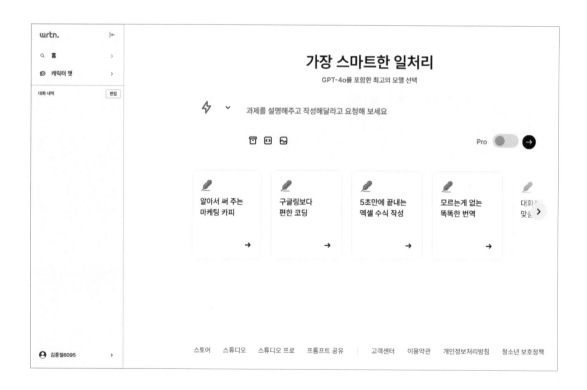

기능 확인하기

1 작업할 방법(ppt 초안)을 클릭한다.

 하나 더
블로그, 레포트, 자기소개서 등 만들고자 하는 분야를 클릭하면 해당 특성에 맞는 콘텐츠를 빠르게 만들어 준다.

2 프롬프트 내용(내가 학생들 앞에서 "20대가 가져야할 경제관념"에 대해서 발표를 해야해. 발표는 5분 정도이고 슬라이드 10장 정도 만들려고 하는데 장표 제목들과 핵심 스크립트들을 작성해줘)을 입력한 후 〈다음〉을 클릭한다.

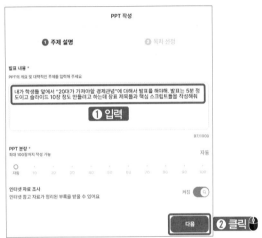

3 슬라이드를 제작하기 쉽게 초안이 만들어진다.

 하나 더
슬라이드 앞에 있는 를 드래그하면 프레젠테이션 순서를 변경할 수 있다.

AI Tip

이 목차로 PPT 완성하기 를 클릭하면 파워포인트 파일(.pptx)로 저장할 수 있다.

1) 스튜디오 - 툴

1 화면 아래에 있는 [**스튜디오**]를 클릭한 후 〈**새 툴/챗봇 만들기**〉를 클릭한다.

2 〈**툴 만들기**〉를 클릭한다.

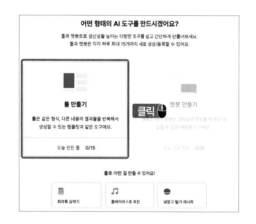

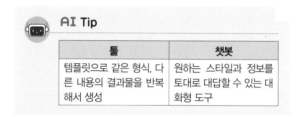

3 1단계 – 기본 정보를 입력한 후
〈**다음 단계로**〉를 클릭한다.

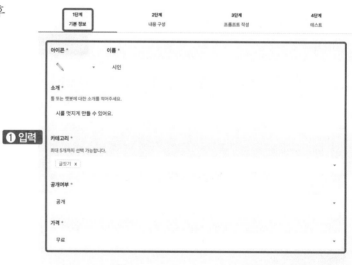

4 2단계 – 내용 구성을 작성한 후 〈다음 단계로〉를 클릭한다.

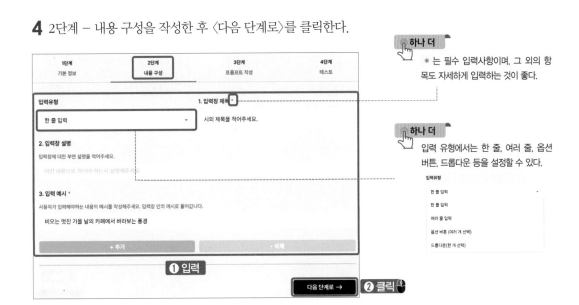

하나 더
＊ 는 필수 입력사항이며, 그 외의 항목도 자세하게 입력하는 것이 좋다.

하나 더
입력 유형에서는 한 줄, 여러 줄, 옵션 버튼, 드롭다운 등을 설정할 수 있다.

5 3단계 – 프롬프트 작성을 설정한 후 〈다음 단계로〉를 클릭한다. **〈프롬프트 자동완성〉**을 클릭하면 편리하게 입력할 수 있다.

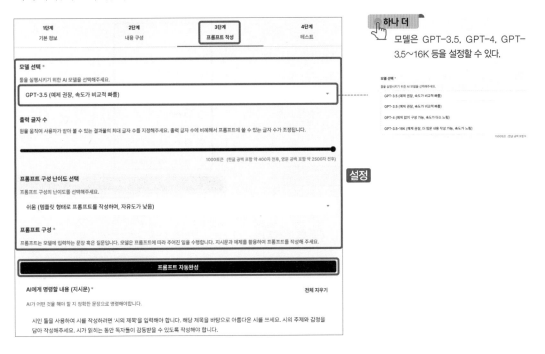

하나 더
모델은 GPT-3.5, GPT-4, GPT-3.5~16K 등을 설정할 수 있다.

6 〈**등록하기**〉를 클릭한다.

AI Tip

앞에서 설정한 내용을 변경하려면,
1단계~3단계를 클릭한 후 수정하면
된다.

7 최종 내용을 확인한 후 〈**등록하기**〉를 클릭한다.

AI Tip

다음과 같이 모든 조건을 만족하지 못할 경우에는
<등록하기> 버튼이 눌리지 않는다.

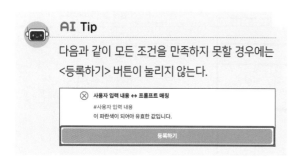

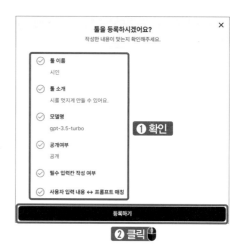

8 툴이 등록되었다는 화면을 확인하고, 〈**등록 완료**〉를
클릭한다.

9 스토어에 만들어진 툴을 볼 수 있다.

10 시를 만들기 위해 시 제목(**매미가 우는 어느 여름 날**)을 넣은 후 〈**자동 생성**〉을 클릭한다.

11 멋진 시가 만들어진다.

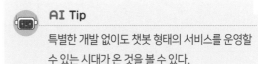

AI Tip

특별한 개발 없이도 챗봇 형태의 서비스를 운영할 수 있는 시대가 온 것을 볼 수 있다.

2) 스튜디오 – 챗봇

1 화면 아래에 있는 〈스튜디오〉를 클릭한 후 〈새 툴/챗봇 만들기〉를 클릭한다.

2 〈챗봇 만들기〉를 클릭한다.

AI Tip

챗봇은 ChatGPT처럼 대화식으로 자료를 완성
해 가는 방법이다. 챗봇은 물론 툴도 하루에 최대
15개까지 생성할 수 있다.

3 1단계 – 기본 정보를 입력한 후
〈다음 단계로〉를 클릭한다.

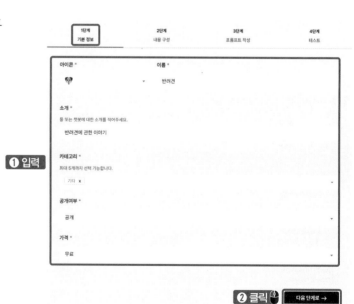

4 2단계 – 내용 구성을 작성한 후 〈다음 단계로〉를 클릭한다.

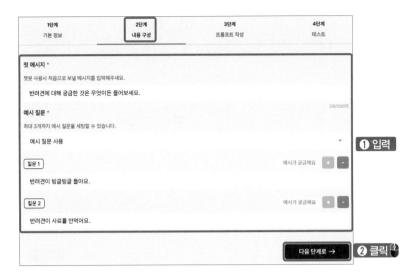

5 3단계 – 프롬프트 작성을 설정한 후 〈다음 단계로〉를 클릭한다. **〈프롬프트 자동완성〉**을 클릭하면 편리하게 입력할 수 있다.

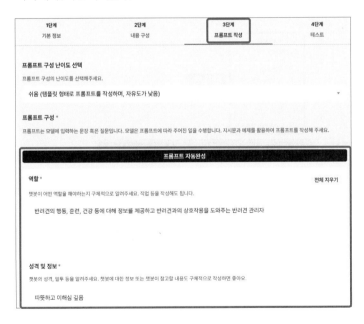

6 〈**등록하기**〉를 클릭한다.

7 최종 내용을 확인한 후 〈**등록하기**〉를 클릭한다.

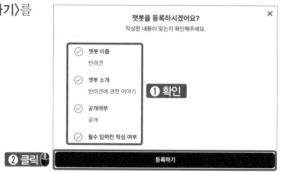

8 챗봇이 등록되었다는 화면을 확인하고, 〈**등록 완료**〉를 클릭한다.

9 스토어에 만들어진 챗봇을 볼 수 있다.

10 챗봇이 작동되는 것을 볼 수 있다.

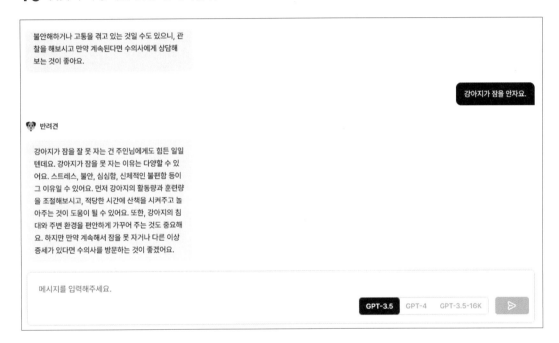

6 Chrome 확장 프로그램

YouTube Summary with ChatGPT & Claude
유튜브 내용 요약하기

Chrome 확장 프로그램은 Google Chrome 웹 브라우저의 기능을 확장하거나 사용자 경험을 개선하기 위해 설치할 수 있는 소프트웨어 애드온이다. Chrome 웹 스토어를 통해 다양한 확장 프로그램을 다운로드한후 설치할 수 있다. 'YouTube Summary with ChatGPT & Claude'는 YouTube 동영상의 요약을 제공하는 Chrome 확장 프로그램이다. 이 확장 프로그램을 사용하면 긴 동영상을 빠르게 요약하여 중요한 정보를 파악할 수 있다. ChatGPT와 Claude는 OpenAI와 Anthropic에서 개발한 고급 언어 모델로, 동영상의 내용을 분석하고 요약하는 데 사용된다.

 ## 기능 확인하기

1 'https://chromewebstore.google.com'에 접속한다.

AI Tip

'Chrome 맞춤설정 및 제어(⋮)'를 클릭한 후 '확장 프로그램' - 'Chrome 웹 스토어 방문하기'를 클릭해도 된다.

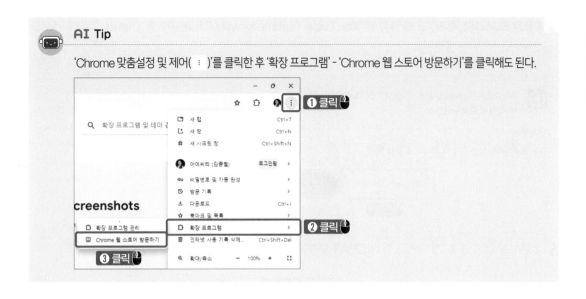

2 검색어에 **'YouTube Summary'**를 입력한 후 Enter 를 누른다.

3 **'YouTube Summary with ChatGPT & Claude'**를 클릭한다.

4 〈**Chrome에 추가**〉를 클릭한다.

5 〈확장 프로그램 추가〉를 클릭하면 'YouTube Summary with ChatGPT & Claude' 확장 프로그램이 추가된 것을 볼 수 있다.

6 유튜브에 접속한 후 검색어를 입력(CHATGPT)하고 'chatgpt 활용법'을 선택한다.

7 요약할 동영상을 클릭한다.

8 화면 오른쪽 상단에 있는 'Transcript & Summary'의 'Summarize Video(🔵)'를 클릭한다.

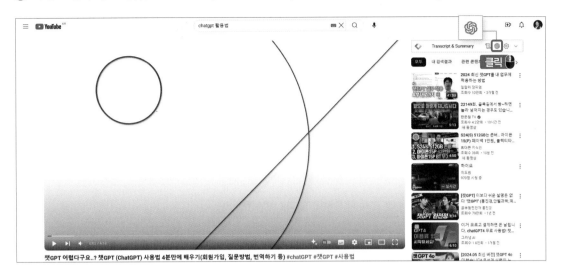

9 ChatHPT가 실행되면서 텍스트 내용이 나타난다.

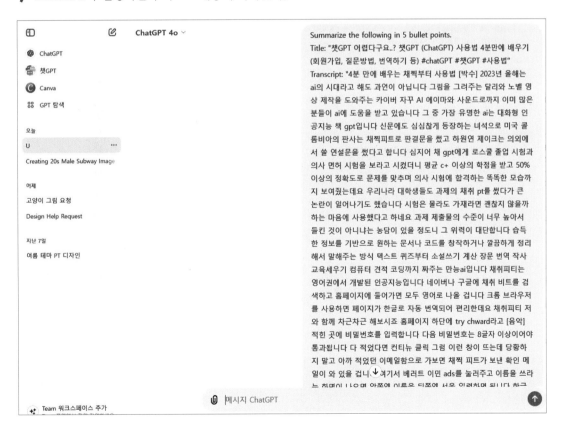

10 프롬프트**(한글로 10줄 요약해줘)**를 입력한 후 Enter 를 누른다.

한글로 10줄 요약해줘 입력+Enter

11 요약된 내용을 볼 수 있다.

1. **소개:** 2023년 AI의 중요성을 강조하며 DALL-E, Kaiber, ChatGPT 등의 도구를 소개합니다.

2. **ChatGPT 사용법:** ChatGPT는 대화형 인공지능으로, 법률 문서 작성, 시험 통과 등 다양한 작업에 유용합니다.

3. **회원가입 절차:** 비밀번호 생성, 이메일 인증, 개인정보 입력, 전화번호 확인 등 ChatGPT 가입 절차를 설명합니다.

4. **언어 고려사항:** ChatGPT는 한국어를 이해하지만, 영어로 질문할 때 더 나은 답변을 제공합니다. 네이버 파파고와 같은 번역 도구를 추천합니다.

5. **질문 최적화:** 구체적이고 자세한 질문을 통해 더 정확하고 포괄적인 답변을 받을 수 있습니다.

6. **응답 품질 향상:** 질문에 번호를 매기면 ChatGPT의 응답이 더 명확하고 꼼꼼해집니다.

7. **번역 팁:** 크롬의 자동 번역 기능을 사용하면 영어 기반 ChatGPT와의 상호작용이 더 편리해집니다.

8. **정보 검증:** ChatGPT가 제공하는 정보의 약 80%만 정확하므로 추가적인 검증이 필요합니다.

9. **추가 연구 필요성:** 업무나 학문적 용도로 ChatGPT를 사용할 때는 반드시 추가 조사를 통해 정보를 확인해야 합니다.

10. **권장사항:** 시청자들에게 빠른 정보 수집과 아이디어 생성을 위해 ChatGPT를 사용해보라고 권장하지만, 그 한계를 인식하도록 합니다.

AI Tip

설치된 확장 프로그램을 삭제할 경우에는 'Chrome 맞춤 설정 및 제어(⋮)'를 클릭한 후 [확장 프로그램]-[확장 프로그램 관리]를 클릭한 후 〈삭제〉를 클릭한다.

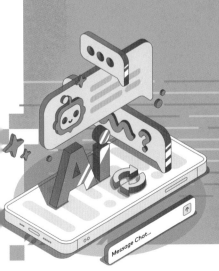

1 Clipdrop(클립드롭)

배경 이미지 제거 / 텍스트 제거하기

https://clipdrop.co

Clipdrop은 백그라운드 제거, 이미지 크기 확대, 이미지 속 텍스트 제거, 하늘 배경 변경 등 그동안 수작업해왔던 이미지 작업을, AI를 이용하여 편리하게 원하는 결과물을 얻는 사이트이다. 이미지를 불러오는 것만으로도 원하는 작업을 수행할 수 있다는 것에 일일이 작업했던 예전의 방식에 비해 업무 속도가 매우 향상되는 것을 느낄 수 있다.

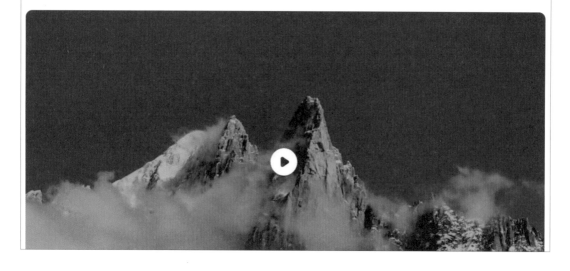

기능 확인하기

1 백그라운드 이미지를 제거하기 위해 [Tools]-[Remove background] 메뉴를 선택한다.

 AI Tip

• 본 도서에 소개한 대부분의 AI 서비스를 설명대로 학습하려면, 회원가입 후 로그인해야 한다.
• 회원은 구글 ID로 가입하면 다른 서비스들을 이용할 때 편리하게 관리할 수 있다.

2 이미지를 불러오기 위해 가운데 파란 영역을 클릭한다.

 AI Tip

탐색기 등에서 파일을 복사하거나, 직접 이미지가 있는 웹사이트에서 복사한 후 붙여넣기하거나, 이미지 파일을 드래그해서 파란 영역에 놓아도 되며, 한 번에 최대 10개까지 이미지 작업이 가능하다.

3 백그라운드를 제거할 이미지를 선택한 후 〈열기〉를 클릭한다.

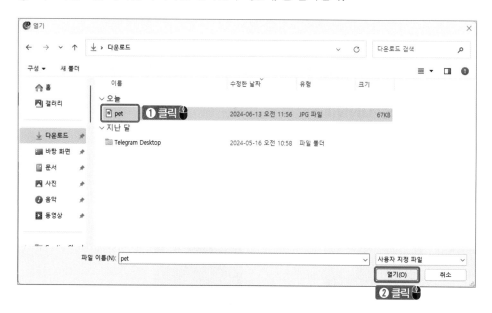

4 〈Remove background〉를 클릭한다. 이미지는 10장까지 동시에 작업할 수 있는데 추가하려면 〈Add to batch〉를 클릭한다.

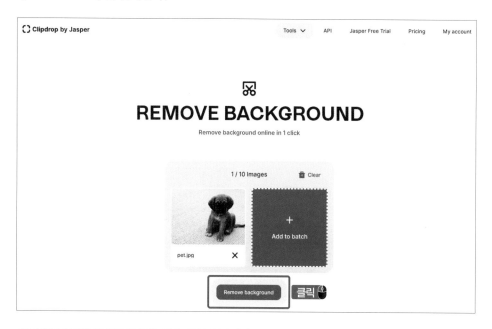

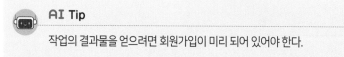

AI Tip

작업의 결과물을 얻으려면 회원가입이 미리 되어 있어야 한다.

5 배경이 깨끗하게 사라진 것을 볼 수 있다. 결과물을 저장하기 위해 오른쪽 위에 있는 〈Download〉를
클릭한다.

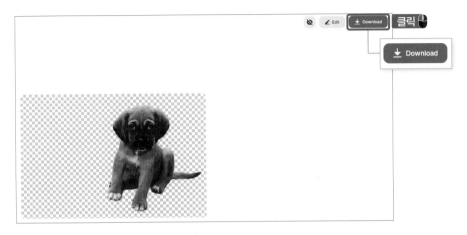

6 다운로드 폴더를 보면 작업한 이미지를 볼 수 있다.

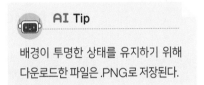

AI Tip

배경이 투명한 상태를 유지하기 위해
다운로드한 파일은 .PNG로 저장된다.

7 이미지에 있는 텍스트를 제거하기 위해 [Tools]–[Text remover] 메뉴를 선택한다.

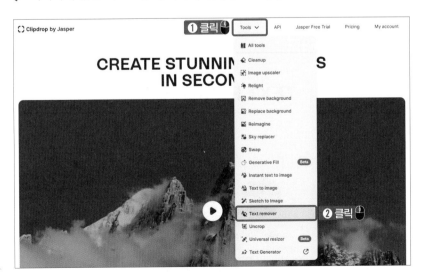

8 웹사이트에서 텍스트가 포함된 이미지 위에서 마우스 오른쪽
단추를 클릭한 후 **[이미지 복사]** 메뉴를 선택한다.

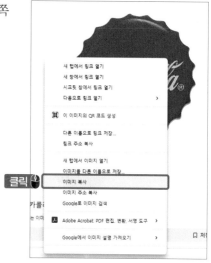

9 Clipdrop에서 파란색 영역에 마우스를 올려놓은 후 Ctrl + V 를 누른다.

10 〈Remove text〉를 클릭한다.

11 ⟨Downscale & Continue⟩를 클릭하면 이미지 안에 있는 텍스트가 지워진다.

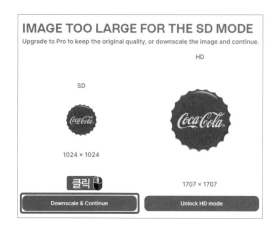

AI Tip

'Unlock HD mode'는 PRO 버전(매달 23,000 / 1년 200,000 정도)으로 변경해야 사용할 수 있다.

12 AI를 이용하여 기존의 이미지를 기반으로 새로운 이미지들을 생성하기 위해 **[Tools]−[Reimagine]** 메뉴를 선택한다.

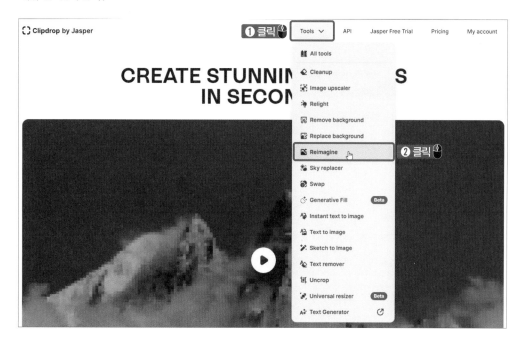

13 Reimagine할 파일을 드래그해서 파란 영역에 놓는다.

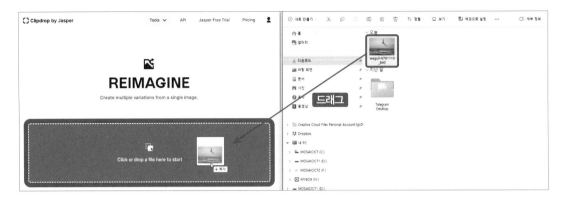

14 원본 이미지와 다른 형태의 이미지가 만들어진다.

 AI Tip

- 🔄을 누르면 다른 이미지가 만들어진다.
- 그 외에 Cleanup, Image upscaler, Sky replacer 등의 유용한 툴도 많으니 직접 연습해 보면 좋다.

2 Upscale(업스케일)

이미지 품질 손상없이 크게 변경하기

https://www.upscale.media/ko

비트맵 이미지는 픽셀 단위로 구성되어 있어 이미지를 확대하면 각 픽셀이 더 커지면서 계단 현상 또는 블록 형태의 픽셀화가 발생하면서 이미지의 해상도와 품질을 저하시킨다. Upscale.media는 이러한 문제를 해결하기 위해 AI 기술을 활용하여 이미지를 2배 또는 4배로 업스케일링 하면서 품질을 향상시키는 서비스이다.

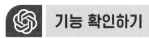 **기능 확인하기**

1 〈이미지 업로드〉를 클릭한다.

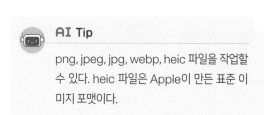

AI Tip

png, jpeg, jpg, webp, heic 파일을 작업할 수 있다. heic 파일은 Apple이 만든 표준 이미지 포맷이다.

AI Tip

이미지를 끌어다 놓아도 된다.

2 업스케일할 이미지를 선택한 후 〈열기〉를 클릭한다.

3 원본 이미지에 비해 2배(512×510)로 확대된 것을 볼 수 있다.

AI Tip

[원본] 탭을 클릭하면 원본 이미지(256×255)를 볼 수 있다.

4 4배로 확대하기 위해 '업스케일링 대상'의 목록 단추를 클릭한 후 '**4X**'를 선택한다.

5 4배 크기(1024×1020)로 확대된 것을 볼 수 있다. 확대된 이미지를 다운로드 하기 위해 〈**이미지 다운로드**〉를 클릭한다.

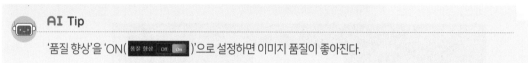

AI Tip

'품질 향상'을 'ON( )'으로 설정하면 이미지 품질이 좋아진다.

6 [다운로드] 폴더에 4배로 확대한 파일을 볼 수 있다.

3 Watermark Remover (워터마크 리무버)

워터마크 지우기

https://www.watermarkremover.io

Watermark Remover는 AI 기술을 이용하여 이미지에 있는 워터마크를 간단히 제거하는 서비스이다. 한 번에 여러 이미지를 업로드하여 대량 워터마크를 제거할 수도 있다.

 AI Tip

워터마크를 제거할 때는 저작권 침해와 관련해서 문제가 될 수 있기 때문에 원 저작자나 권리 소유자에게 허락받는 것이 중요하다.

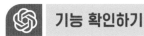

1 워터마크를 제거할 파일을 드래그해서 홈페이지의 임의의 공간에 놓는다.

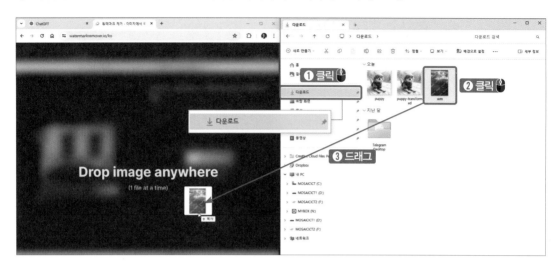

2 워터마크가 제거된 이미지를 확인할 수 있다.

AI Tip

이미지에 텍스트나 로고가 있으면 별도로 삭제할 수 있다.

3 워터마크를 제거한 이미지를 다운로드 하기 위해 **〈다운로드〉**를 클릭한다.

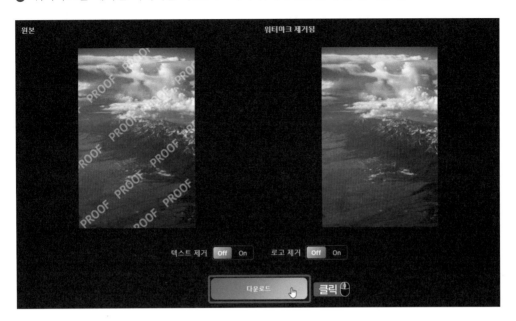

4 [다운로드] 폴더에 워터마크가 제거된 파일을 볼 수 있다.

AI Tip

워터마크를 제거한 후 위에서 살펴 본 Upscale을 활용하면 최대 4배로 확대할 수 있다.

4 Firefly(파이어 플라이)

프롬프트(텍스트)로 이미지 생성하기

https://firefly.adobe.com

포토샵 파이어플라이(Firefly)는 어도비(Adobe)의 인공지능(AI) 기반 이미지 생성 및 편집 도구로 사용자가 자연어로 설명한 내용을 기반으로 이미지를 생성하거나 편집할 수 있는 기능을 제공한다. 주요 기능으로는 텍스트에서 이미지 생성, 이미지 편집, 스타일 변환을 수행할 수 있다.

1) 포토샵

1 포토샵에서 생성할 이미지를 넣을 곳을 선택 툴로 지정한다.

2 '보름달'을 입력한 후 〈생성〉
을 클릭한다.

3 이미지가 생성되는 진행률이 표시되며, 컴퓨터에 따라 생성되는
시간이 다르게 나타난다.

4 멋진 보름달이 만들어진다.

AI Tip

다음 변형(▶)을 클릭하면 다른 생성된 이미지가 만들
어진다.

5 다른 방법으로는 ChatGPT처럼 생성형 이미지를 만들기 위해 **[편집]−[이미지 생성]** 메뉴를 클릭한다.

6 생성할 이미지의 프롬프트**(강아지가 해변가를 뛰어다니는 모습)**를 입력한 후 〈**생성**〉을 클릭한다.

하나 더
콘텐츠 유형(아트/포토), 스타일(참조 이미지/효과) 등을 설정하면 더 다양한 이미지를 만들 수 있다.

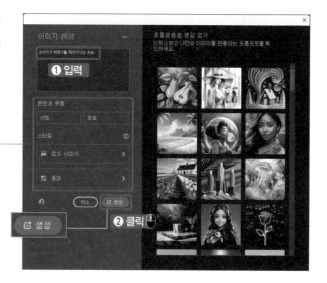

7 해변을 뛰어다니는 강아지 이미지가 생성된다.

2) 웹 사이트(https://firefly.adobe.com)

1 프롬프트(비오는 여름 카페에서 멋진 남녀가 즐거운 만남을 가지고 있다.)를 입력한 후 〈생성하기〉를 클릭한다.

2 다양한 멋진 이미지가 만들어진다.

3 '가로세로비율'에서 이미지의 사이즈(**와이드스크린(16:9)**)를 설정한다.

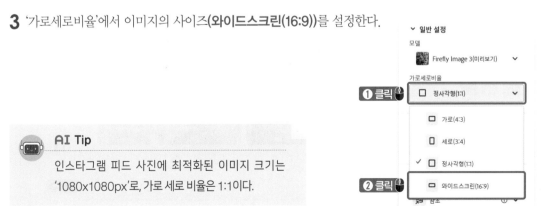

> **AI Tip**
>
> 인스타그램 피드 사진에 최적화된 이미지 크기는
> '1080x1080px'로, 가로 세로 비율은 1:1이다.

4 '콘텐츠 유형'을 **'아트'**로 설정한다.

5 그 외에도 다양한 옵션을 설정할 수 있다.

하나 더

'참조'에서 이미지를 클릭하면 생성할 때 지정한 이미지를 참조하여 만든다.

AI Tip

다양한 옵션을 바꾸어 가며 작업하다 보면 나만의 스타일을 발견할 수 있게 되어 다음에 작업할 때 시간을 절약할 수 있다.

6 〈**생성하기**〉를 클릭하면 새로운 생성형 이미지가 만들어진다.

3) 생성형 확장

1 〈생성형 확장〉을 클릭한다.

2 화면 왼쪽에서 **〈확장〉**을 클릭한 후 화면 아래에 있는 확장할 이미지 사이즈(여기서는 와이드스크린 (16:9))'를 선택한다. 그런 다음 **〈생성하기〉**를 클릭한다.

 AI Tip

AI 특성상 서비스 및 화면은 빠르게 변화할 수 있다.

3 이미지가 확장되면서 만들어진 것을 볼 수 있다.

4) 뉴럴 필터(Neural Filter)

필터(Filter)는 이미지를 구성하는 픽셀을 재배치하여 새로운 형태의 이미지로 만드는 기능이다. 이미지를 흐리게 하거나 반대로 선명하게 만드는 방법, 독특한 이미지로 변경하는 방법 등이 많이 사용되고 있다. 특히 뉴럴 필터는 어도비 인공지능(Sensei GenAI)을 이용하여 여러 단계를 거치지 않고 한 번의 명령으로 이미지를 작업할 수 있는 장점이 있다.

1 포토샵을 실행한 후 이미지를 불러온다.

2 [필터]-[뉴럴 필터] 메뉴를 클릭한다.

3 〈스마트한 인물 사진〉을 클릭한 후 **'행복'**의 수치를 오른쪽으로 늘려주면, 이미지의 얼굴이 밝게 웃는 모습으로 변경된다.

4 〈스타일 변환〉을 클릭한 후 **'아티스트 스타일'**에서 원하는 스타일을 클릭하면, 선택한 스타일에 맞게 이미지가 변경된다.

5 풍경 사진을 불러온 후 [**필터**]–[**뉴럴 필터**] 메뉴를 클릭한다.

6 〈**풍경 사진 믹서**〉를 활성화() 한 후 '**겨울**'의 수치를 높여주면, 겨울 분위기로 이미지가 변경된다.

5 LOGO(로고)

AI로 나만의 브랜드 로고 만들기

https://logo.com

LOGO는 브랜드의 성격과 강조할 내용을 입력하면 AI가 창의적인 로고를 만들어 주는 서비스로 간편하게 사용할 수 있다. 예전에는 디자이너에게 맡겨야하는 로고 작업을 직접 빠르고 편리하게 만들 수 있게 해주는 것으로 전문가가 제작한 것에 비하면 부족하지만, 퀄리티가 나쁘지 않게 제작된다.

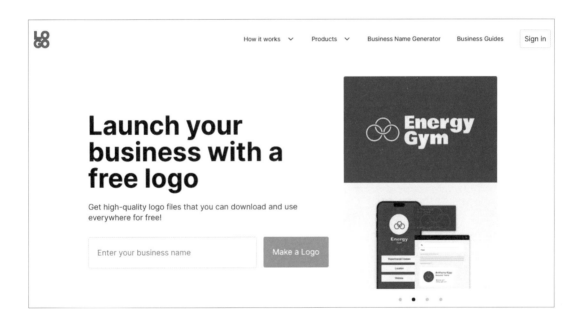

기능 확인하기

1 비즈니스를 수행할 키워드(**coffeeshop**)를 입력한 후 Enter 를 누른다.

2 슬로건(옵션)을 입력한 후 Enter 를 누르거나 〈Next〉를 클릭한다. 슬로건은 특별히 입력하지 않아도 된다.

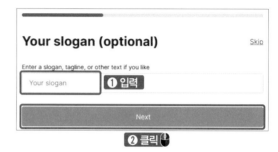

3 만들려는 사용자의 작업 분야(옵션, **Business Owner**)를 클릭한다.

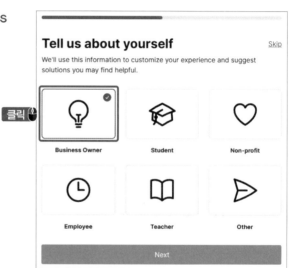

4 산업군을 입력하거나 홈페이지 주소를 입력한 후 〈Next〉를 클릭한다.

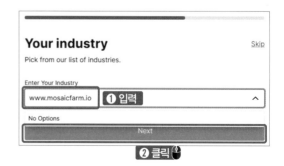

5 Keywords(**coffee, bread, coffeeshop, drink, mocha**)를 클릭한 후 〈Next〉를 클릭한다.

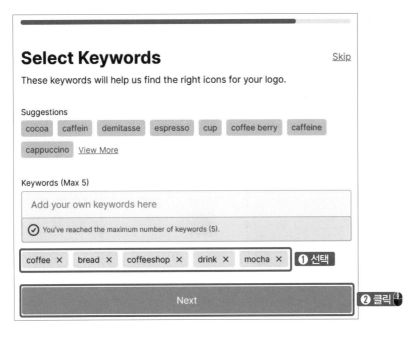

AI Tip

Keyword는 5개까지 선택 가능하다.

6 키워드에 맞는 다양한 로고가 만들어진다.

7 Slogan에 내용을 입력하면 로고에 적용되며, 마음에 드는 로고를 클릭한다.

8 세부 옵션은 화면 왼쪽에서 수정할 수 있다.

9 로고를 저장하기 위해 〈Get Logo〉를 클릭한다.

AI Tip

로고를 저장하려면 회원 가입이 되어 있어야 한다.

10 〈Download〉를 클릭한다.

11 다양한 형태의 파일이 만들어지면 원하는 파일을 클릭한다.

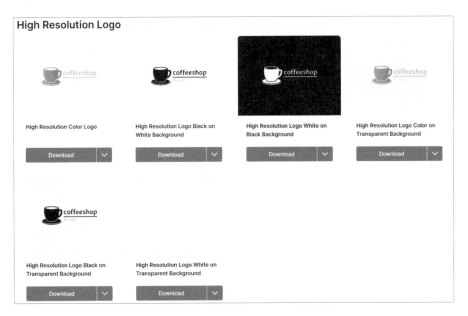

12 [다운로드] 폴더에서 만들어진 로고를 볼 수 있다.

 AI Tip

비슷한 서비스로는 키워드와 브랜드 정보를 입력하면 자동으로 로고를 생성해 주는 Brandmark(https://brandmark.io)가 있다.

6 NAMELIX(네임릭스)

AI로 나만의 브랜드 네임 만들기

https://namelix.com

Namelix는 AI를 활용하여 비즈니스 이름을 생성해 주는 도구이다. 창업자, 기업가 또는 마케팅 전문가들이 새로운 비즈니스나 제품의 이름을 고민할 때 유용하게 사용할 수 있다. Namelix는 사용자가 입력한 키워드와 선호도를 바탕으로 다양한 이름에 대한 아이디어를 제안해 준다.

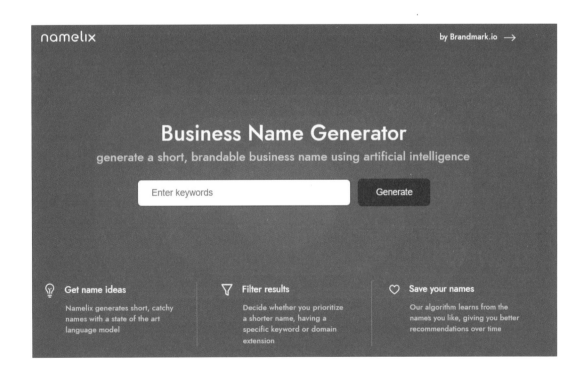

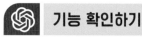

1 핵심 단어(coffe shop)를 입력한 후 〔Enter〕를 누르거나 〈Generate〉를 클릭한다.

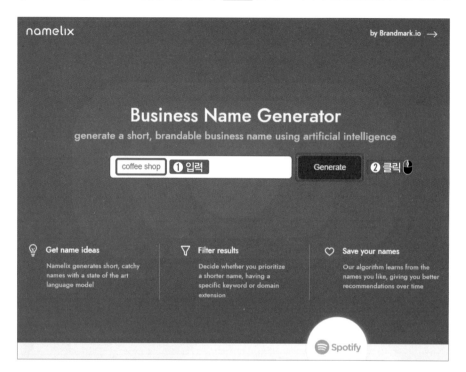

2 Name Style(**Auto**)을 선택한 후 〈Next〉를 클릭한다.

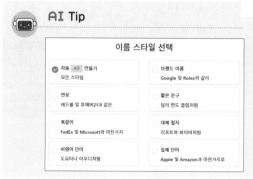

3 〈Medium〉을 선택한 후 〈Next〉를 클릭한다.

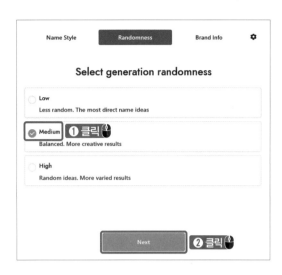

PART 02

이미지

> **AI Tip**
>
> 'High'는 입력한 단어를 기반으로 다양한 종류의 아이디어를 제공하며, 'Low'는 정확한 아이디어가 나타난다.

4 〈Generate〉를 클릭한다.

5 다양한 비즈니스 이름들을 추천해 준다.

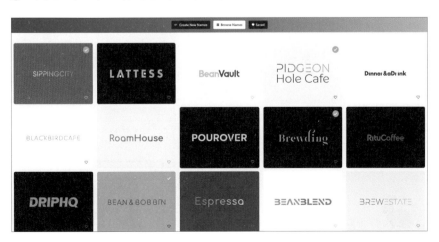

7 Playground(플레이그라운드)

프롬프트(텍스트)로 이미지 생성하기

https://playground.com

Playground는 인공지능을 이용한 다양한 기능을 제공하는 서비스로, 특히 AI를 활용한 창의적 작업에 유용하다. 이 서비스는 다양한 AI 모델을 사용하여 Art, Poster, EBook Cover 등의 이미지 생성 작업에 탁월한 장점이 있다.

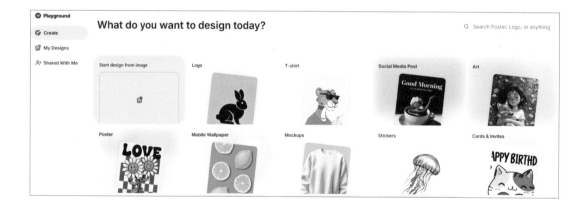

기능 확인하기

1 생성할 이미지의 항목을 클릭(**Art**)한다.

2 원하는 스타일을 클릭한다.

3 이미지의 요소를 변경하기 위해 〈Replace〉를 클릭한다.

> 🤖 **AI Tip**
>
> 텍스트 및 이미지 추가 등 다양한 형태의 이미지를 생성할 수 있다.
>
>

4 상어를 고래로 변경하기 위해 'whale'을 입력한 후 〈Create〉를 클릭한다.

5 상어가 고래로 변경된 것을 볼 수 있다.

8 Midjourney(미드저니)

프롬프트(텍스트)로 이미지 생성 /
다양한 방법으로 변형하기

https://www.midjourney.com

Midjourney는 텍스트 기반의 AI 이미지 생성 도구이다. 사용자가 입력한 텍스트를 바탕으로 이미지를 생성해 주는 서비스로, 주로 예술가, 디자이너, 그리고 콘텐츠 제작자들이 활용하고 있다. Midjourney는 Discord 플랫폼을 통해 작동하며, 사용자는 특정 명령어를 입력하여 원하는 이미지를 생성할 수 있다.

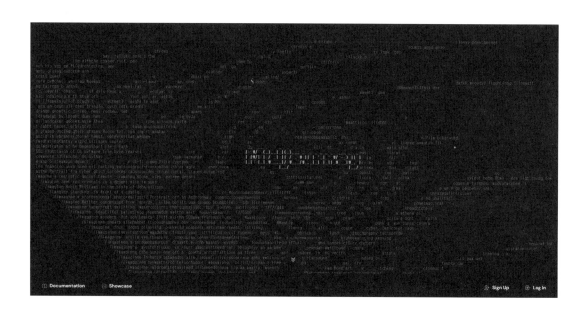

1) 미드저니 기본 사용법

1 디스코드를 실행한다. 그런 다음 화면 왼쪽에 있는 Midjourney 아이콘()을 클릭한 후 'newbies'로 시작하는 방 중 임의의 방을 클릭한다.

> **AI Tip**
>
> 미드저니는 Discord를 통해서 접속하기 때문에 미드저니를 사용할 경우, 먼저 Discord(https://discord.com)에 가입한 후 프로그램을 설치해야 한다.

2 프롬프트 창에 '**/**'을 입력한 후 팝업 창이 열리면 '**/imagine**'을 선택한다.

3 프롬프트에 입력할 내용을 영어로 번역하기 위해 파파고(https://papago.naver.com)에 접속한다. 원하는 내용(**평원을 뛰어다니는 사자**)을 입력한 후 영어로 번역된 것을 복사한다.

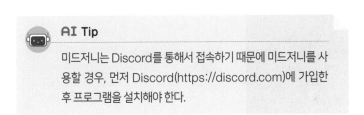

> **AI Tip**
>
> 미드저니는 한글을 인식하지 못하기 때문에 프롬프트에 영어로 번역해서 입력해야 하며, 번역기는 본인이 제일 편한 것으로 사용하면 된다.

4 프롬프트에 붙여넣기 한 후 Enter 를 누른다.

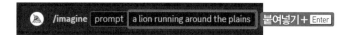

5 멋진 사자 이미지가 만들어지면 원하는 사자 스타일(V4)를 클릭한다.

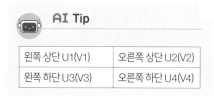

왼쪽 상단 U1(V1)	오른쪽 상단 U2(V2)
왼쪽 하단 U3(V3)	오른쪽 하단 U4(V4)

6 〈전송〉 버튼을 클릭한다.

7 오른쪽 상단 이미지를 크게 보기 위해 〈U2〉를 클릭한다.

AI Tip

U(Upscale)와 V(Variation)는 미드저니에서 가장 많이 사용하는 기능이다.

Upscale	Variation
화질 저하 없이 이미지 크기 키움	비슷하지만 새롭게 변형된 이미지 생성

8 이미지를 2배로 키우기 위해 〈Zoom Out 2x〉를 클릭한다.

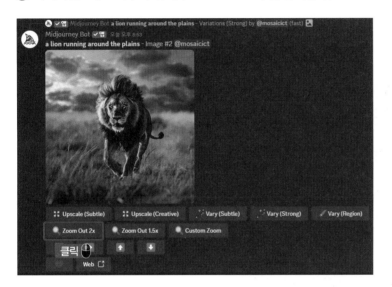

AI Tip

Zoom Out 2x	Zoom Out 1.5x	Custom Zoom
이미지를 2배로 키움	이미지를 1.5배로 키움	이미지를 임의로(1~2배) 키움

Zoom Out 2x : 이미지를 2배로 크게 하면 이미지 안의 물체는 2배 작아진다. 즉 사자 주변의 배경이 2배 커지면서 사자는 그만큼 작아진다.

AI Tip

Upscale(Subtle) / Upscale(Creative)은 일반적인 이미지를 생성할 때와 비교해서 2배 정도의 Fast Hour가 소비된다.

Upscale(Subtle)	Upscale(Creative)
원본에 가깝게 2배 크기로 크게 함	조금 더 명확하게 2배 크기로 크게 함

9 파파고에서 추가할 프롬프트 내용(**평원을 뛰어다니는 사자와 또 다른 사자들**)을 번역한 후 복사한다.

10 이미지 오른쪽 부분을 확장하기 위해 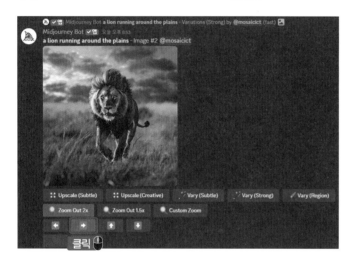 버튼을 클릭한다.

AI Tip

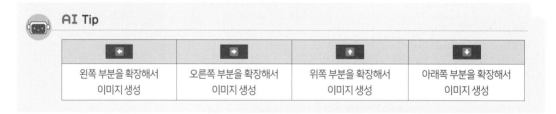

◄	►	▲	▼
왼쪽 부분을 확장해서 이미지 생성	오른쪽 부분을 확장해서 이미지 생성	위쪽 부분을 확장해서 이미지 생성	아래쪽 부분을 확장해서 이미지 생성

11 붙여넣기 한 후 **〈전송〉**을 클릭한다.

12 기존 이미지에, 프롬프트에 새롭게 추가한 내용이 적용된 이미지가 만들어 진다.

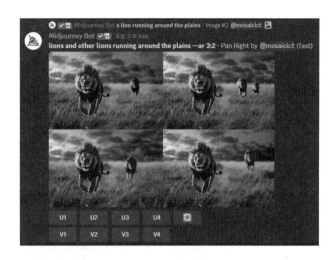

AI Tip

다른 형태의 이미지가 필요할 경우 를 클릭하여 생성 과정을 다시 실행하면 새로운 4장의 이미지가 만들어진다. 미드저니는 새롭게 생성할 수 있는 이미지 경우의 수가 40억 가지가 넘는다.

13 크기를 키우기 위해 〈U2〉를 클릭한다.

14 이미지를 클릭한다.

Vary(Subtle)	Vary(Strong)	Vary(Region)
약간의 변형을 줌	강하게 변형을 줌	사각형 툴과 올가미 툴을 이용하여 변형을 주고 싶은 부분을 지정

15 〈브라우저로 열기〉를 클릭한다.

16 마우스 오른쪽 단추를 클릭한 후 [이미지를 다른 이름으로 저장] 메뉴를 클릭한다.

17 파일 이름(**초원의 사자들**)을 입력한 후 〈저장〉을 클릭한다.

AI Tip

미드저니 요금

Basic Plan	Standard Plan	Pro Plan
10$ / 월	30$ / 월	60$ / 월
200장 이미지 생성 / 월	15h Fast 이미지 생성 / 월	30h Fast 이미지 생성 / 월

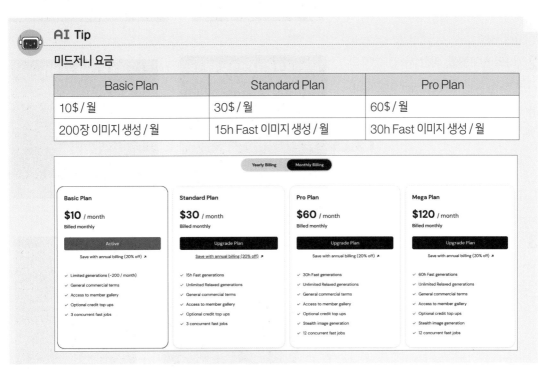

2) 개인 작업방 만들기

newbies 방은 여러 사용자가 함께 이용하기 때문에 내가 만든 이미지가 위로 올라가는 문제가 있다. 이런 경우를 대비해서 미드저니는 개인 작업방을 만드는 방법을 제공한다. 나만의 작업방에서 이미지를 만들면 관리하기가 훨씬 수월할 것이다.

1 〈서버 추가하기(➕)〉를 클릭한 후 〈직접 만들기〉를 클릭한다.

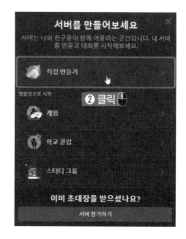

2 〈나와 친구들을 위한 서버〉를 클릭하고, 서버 이름(mosaicict 미드저니)을 입력한 후 〈만들기〉를 클릭한다.

3 왼쪽에 추가한 서버가 보이면 〈Midjourney(➕) 서버〉를 클릭한 후 'newbies' 중에서 원하는 봇을 클릭한다.

4 〈Midjourney Bot()〉을 클릭한 후 〈앱 추가〉를 클릭한다.

5 〈서버에 추가〉를 클릭한다.

6 〈서버 선택하기〉를 클릭한 후 추가할 서버(mosaicict 미드저니)를 선택한다. 그런 다음 〈계속하기〉를 클릭한 후 〈승인〉을 클릭한다.

7 '사람입니다'를 체크 표시한 후 서버가 추가되면 〈mosaicict 미드저니(으)로 가기〉를 클릭한다.

3) Relax / Fast 모드 변경하기

미드저니는 이미지를 만들 때 속도에 따라 패스트 모드와 릴렉스 모드로 나눈다. 릴렉스 모드는 무제한으로 사용할 수 있지만 속도가 느리고, 패스트 모드는 유료로 속도가 빠른 장점이 있다.

1 프롬프트에 '**/r**'을 입력한 후 '**/relax**'를 선택하고 [Enter]를 누른다.

2 이미지 생성 속도가 Relax mode로 변경된 것을 볼 수 있다.

3 프롬프트에 '**/f**'를 입력하고 '**/fast**'를 선택한 후 [Enter]를 누른다.

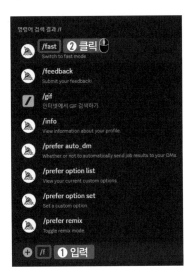

4 이미지 생성 속도가 Fast mode로 변경된 것을 볼 수 있다.

AI Tip

미드저니는 클라우드 컴퓨팅을 통해 서비스를 제공하는 곳으로 사용자의 컴퓨터 환경은 크게 중요하지 않다. 유료 구독 시 제공하는 Fast Mode는 이미지를 생성할 때 미드저니의 클라우드 자원을 사용하는 시간을 의미한다. Relax Mode는 Fast Hour를 소비하지 않고 이미지를 무제한으로 생성하는 모드로 Standard Plan부터 지원한다.

4) 이미지를 업로드해서 사용하기

1 를 클릭한 후 〈**파일 업로드**〉를 선택한다.

2 업로드할 이미지를 선택한 후 〈열기〉를 클릭한다.

3 프롬프트 창에서 Enter 를 누른다.

4 프롬프트 창에 '**/**'을 입력한 후 팝업 창이 열리면 '**/imagine**'을 선택하고, 이미지를 드래그해서 프롬프트 창에 놓는다.

5 이미지 뒤에 생성할 이미지의 프롬프트 내용(**A cool 3D character**)을 입력한 후 Enter를 누르면 멋진 이미지가 생성된다.

5) 두 개의 이미지를 합성해서 사용하기

미드저니는 서로 다른 이미지들을 합성하여 새로운 이미지를 만들 수 있다. 최대 5장까지 사용할 수 있어 편리하게 이미지를 작업할 수 있다.

1 프롬프트 창에 '**/**'을 입력한 후 팝업 창이 열리면 '**/blend**'의 '**image1**'을 선택한다.

2 첫 번째 이미지를 지정하기 위해 〈image1〉 부분을 클릭한다.

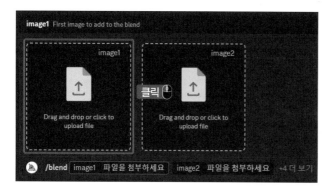

3 첫 번째 이미지를 선택한 후 〈열기〉를 클릭한다.

4 두 번째 이미지를 지정하기 위해 〈image2〉 부분을 클릭한다.

5 두 번째 이미지를 선택한 후 〈열기〉를 클릭한다.

6 〈더 보기〉를 클릭한 후 'dimensions'를 선택한다.

AI Tip

이미지는 3개 더(총 5장) 추가할 수 있다.

7 'Landscape'를 선택하고, '3d'를 입력한 후 Enter 를 누른다.

AI Tip

Portrait	Square	Landscape
세로형	정사각형	가로형

8 멋진 합성 이미지가 만들어진다.

6) 이미지 비율 - ar(aspect) 파라미터

프롬프트 뒤에 --aspect 또는 --ar을 입력하면 이미지의 가로:세로 비율을 지정할 수 있다. 미드저니는 특별한 크기를 지정하지 않으면 기본값으로 1:1의 정사각형 이미지를 생성한다.

1 프롬프트에 '/'를 입력한 후 '/imagine'을 선택한다. 그런 다음 'a flying eagle --ar 16:9'를 입력한 후 Enter 를 누른다.

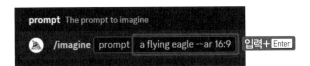

2 '16:9'의 이미지가 만들어진다.

AI Tip

파라미터를 사용할 때는 하이픈의 개수나 띄어쓰기를 주의해서 입력해야 한다.

가로:세로 비율	용도
1:1	인스타그램, 프로필 사진
4:3	표준 사진
3:2	필름 카메라
16:9	유튜브ßß
2.35:1	영화
2.39:1	
9:16	틱톡, 쇼츠

7) 이미지를 다른 형태로 만들기 - Chaos 파라미터

미드저니는 4개의 이미지를 만드는데, 서로 간의 불규칙 정도를 조정하는 파라미터이다. 높은 수치를 입력할수록 더 독특한 결과를 생성한다. 0~100을 지정할 수 있지만, 50 이상은 부적합한 이미지가 생성될 수 있기 때문에 0~10이 가장 많이 사용된다.

1 프롬프트에 '**/**'를 입력한 후 '**/imagine**'을 선택한다. 그런 다음 '**a flying eagle ─ chaos 100**'을 입력한 후 Enter 를 누른다.

2 서로 다른 형태의 이미지가 만들어진다.

8) 만화 스타일 - manga style 파라미터

만화 스타일로 그림을 그리려면 manga style 프롬프트를 넣는다. 애니메이션, 캐리커처, 마블, DC 등 다양한 형태의 이미지를 만들 수가 있다.

1 프롬프트에 '**/**'를 입력한 후 '**/imagine**'을 선택한다. 그런 다음 '**a handsome young man in the city manga style**'을 입력한 후 Enter 를 누른다.

anime style	cartoon style	caricature style	marvel comics style	dc comics style
애니메이션 스타일	만화 스타일	캐리커처 스타일	마블 코믹스 스타일	DC 코믹스 스타일

2 만화 스타일의 이미지가 만들어진다.

9) 유명 화가 스타일 - by van Gogh 파라미터

유명 화가 스타일로 그림을 그리려면 간단하게 화가의 이름을 적으면 된다. 앤디 워홀, 애드가 드가, 프리다 칼로, 구스타브 클림트 등 말로만 들어도 설레는 스타일의 이미지를 만들 수 있다.

1 프롬프트에 '/'를 입력한 후 '/imagine'을 선택한다. 그런 다음 'a field scene by van Gogh'를 입력한 후 [Enter]를 누른다.

2 van Gogh 스타일의 이미지가 만들어진다.

by andy warhol	by edgar degas	by frida kahlo	by gustav klimt
앤디 워홀 스타일	애드가 드가 스타일	프리다 칼로 스타일	구스타브 클림트 스타일

10) 네거티브 - no 파라미터

이미지를 만들 때 원하지 않는 결과물이 반복해서 등장할 때 특정 색상이나 요소를 배제할 때 사용한다. no라고 해서 완벽히 없애주지는 않지만, 필요할 때 요긴하게 사용할 수 있다.

1 프롬프트(an agent on a special mission)를 입력한 후 이미지를 확인한다.

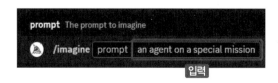

2 프롬프트(an agent on a special mission − −no gun)를 입력한 후 이미지를 확인한다.

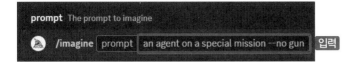

영상

Message Chat...

이번 Part에서는 영상 작업과 관련한 다양한 AI 서비스들에 대해 알아본다.

1 Vrew(브루)
자동 자막 / AI 목소리 / 텍스트로 비디오 만들기 / AI 내 목소리 만들기

https://vrew.voyagerx.com

Vrew는 동영상에 자동으로 자막을 삽입하는 기능으로 유명한 소프트웨어이다. 또한 AI를 이용하여 영상 및 음성 콘텐츠를 만들거나 ChatGPT와 연동하여 다양한 콘텐츠를 만들 수 있다.

1) 자동 자막

1 Vrew를 실행한 후 도구 모음의 〈**새로 만들기**〉를 클릭한다.

2 컴퓨터에 있는 영상 파일을 불러오기 위해 〈**PC에서 비디오 · 오디오 불러오기**〉를 클릭한다.

3 자막을 넣을 영상 파일을 지정한 후 〈열기〉를 클릭한다.

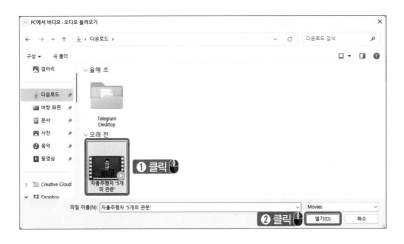

4 음성 언어(**한국어**)를 지정한 후 〈확인〉을 클릭한다.

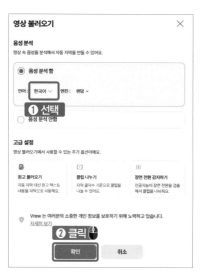

AI Tip

지원되는 언어는 한국어, 영어, 일본어, 스페인어, 중국어(번체)가 있다.

5 음성을 분석하는 화면이 나타난다.

AI Tip

음성을 녹음할 때 발음을 정확히 하면 자막 품질이 높아진다.

6 다음과 같이 자동 자막이 만들어진 것을 볼 수 있다.

7 음성의 품질이 좋을 경우 거의 완벽하게 자막이 삽입된 것을 볼 수 있다. 간혹 자막에 오류가 있을 경우 직접 수정도 가능하다.

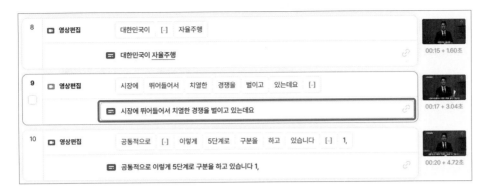

8 도구 모음에서 원하는 글꼴, 글자 크기, 글자 색깔 등을 변경할 수 있다.

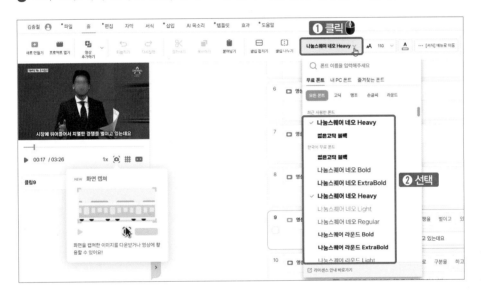

9 다른 나라의 자막을 넣기 위해 **[자막]–[번역 자막 추가]** 메뉴를 클릭한다.

10 〈번역하기〉를 클릭한 후 번역할 언어를 선택하고, 〈번역하기〉를 클릭한다.

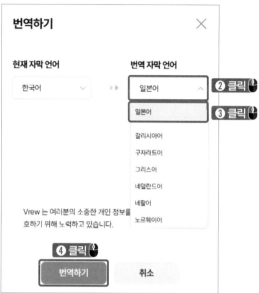

AI Tip

번역할 수 있는 언어는 아주 많이 있는 것을 볼 수 있다.

---

11 번역 자막이 완벽하게 설정된 것을 볼 수 있다.

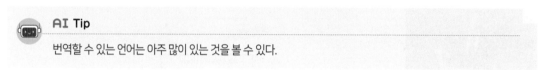

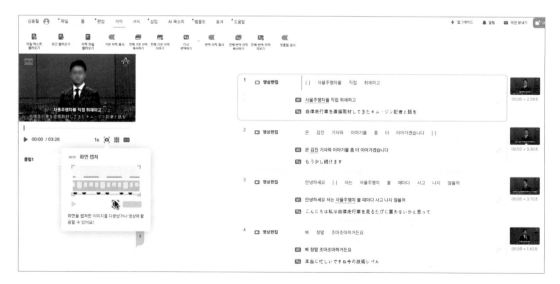

2) AI 목소리

1 ChatGPT를 실행하고, 프롬프트(**여름 이야기를 수필로 만들어줘**)를 입력한 후 ⌨Enter⌨를 누른다.

2 음성으로 변환할 내용을 복사한 후 Vrew에서 도구 모음의 **〈새로 만들기〉**를 클릭한다.

3 **〈AI 목소리로 시작하기〉**를 클릭한다.

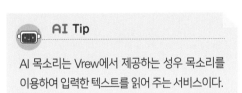

AI Tip

AI 목소리는 Vrew에서 제공하는 성우 목소리를 이용하여 입력한 텍스트를 읽어 주는 서비스이다.

4 ChatGPT에서 복사한 텍스트 내용을 붙여넣기 한다.

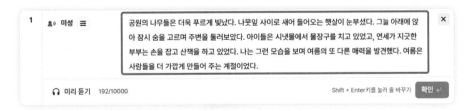

5 왼쪽 상단에 있는 '**목소리 설정** ≡'을 클릭한다.

6 원하는 'AI 목소리'를 선택한 후 〈확인〉을 클릭한다.

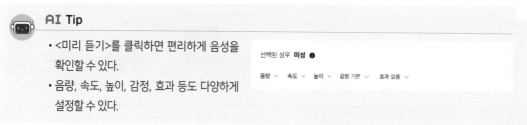

AI Tip

• <미리 듣기>를 클릭하면 편리하게 음성을
  확인할 수 있다.
• 음량, 속도, 높이, 감정, 효과 등도 다양하게
  설정할 수 있다.

7 텍스트가 음성으로 만들어진 것을 볼 수 있으며, 텍스트 내용은 화면에서 바로 수정이 가능하다.

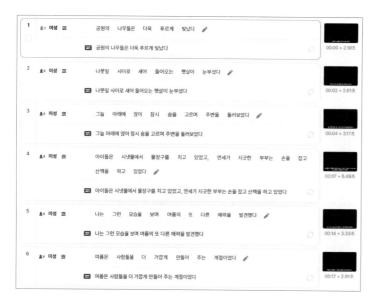

8 '목소리 수정 ≡ '을 클릭하면 해당 부분만 다른 목소리로 설정할 수도 있다.

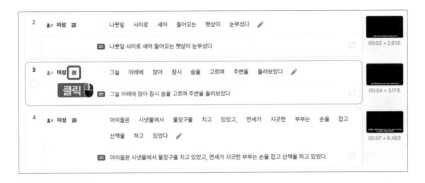

3) 텍스트로 비디오 만들기

1 ChatGPT를 실행하고, 프롬프트(**겨울 이야기를 시로 만들어줘**)를 입력한 후 Enter 를 누른다.

2 음성으로 변환할 내용을 복사한 후 Vrew에서 도구 모음의 〈**새로 만들기**〉를 클릭한다.

3 〈**텍스트로 비디오 만들기**〉를 클릭한다.

4 화면 왼쪽에서 만들려는 동영상 종류를 선택한 후 〈다음〉을 클릭한다.

AI Tip

자막 길이, 자막 위치 등도 설정 가능하다.

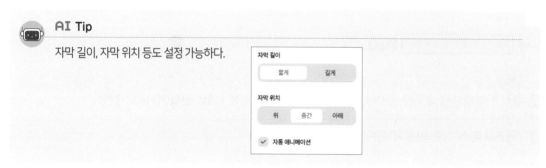

5 비디오 스타일(**명언 영상 스타일**)을 선택한 후 〈다음〉을 클릭한다.

6 ChatGPT에서 복사한 텍스트 내용을 붙여넣기한 후 〈완료〉를 클릭한다.

AI Tip

화면 오른쪽에 있는 '영상 요소'에서 AI 목소리, AI 이미지, 무료 비디오, 배경 음악 등을 별도로 설정할 수 있다.

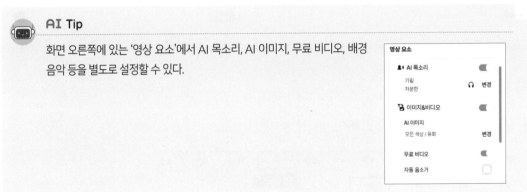

---

7 〈완료〉를 클릭하면 AI 영상을 만드는 것을 볼 수 있다.

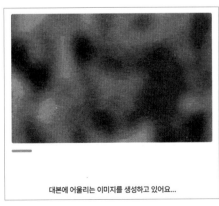

대본에 어울리는 이미지를 생성하고 있어요...

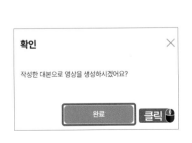

8 멋진 쇼츠 영상이 만들어진 것을 볼 수 있다.

4) AI 내 목소리 만들기

1 [AI 목소리]–[AI 내 목소리 만들기] 메뉴를 클릭한다.

2 〈시작하기〉를 클릭한다.

3 첫 번째 안내 사항을 확인한 후 〈다음〉을 클릭한다. 목소리는 소음이 없는 조용한 곳에서 녹음하는 것이 좋다.

4 두 번째 안내 사항을 확인한 후 〈다음〉을 클릭한다.

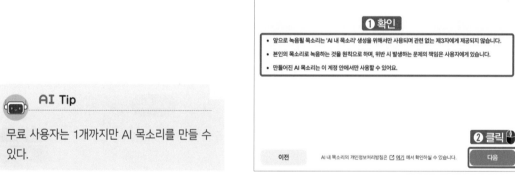

AI Tip

무료 사용자는 1개까지만 AI 목소리를 만들 수 있다.

5 마이크를 선택한 후 〈다음〉을 클릭한다.

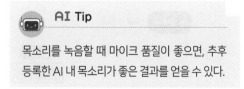

AI Tip

목소리를 녹음할 때 마이크 품질이 좋으면, 추후 등록한 AI 내 목소리가 좋은 결과를 얻을 수 있다.

6 〈녹음하기〉를 클릭한다.

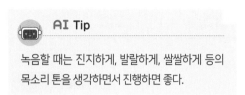

AI Tip

녹음할 때는 진지하게, 발랄하게, 쌀쌀하게 등의
목소리 톤을 생각하면서 진행하면 좋다.

7 화면에 보이는 문장(**다람쥐 헌 쳇바퀴에 타
고파**)을 그대로 읽은 후 〈다음〉을 클릭한다.

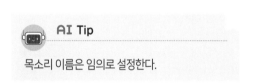

AI Tip

목소리 이름은 임의로 설정한다.

8 녹음 작업이 완료되면 〈**녹음 완료**〉를 클릭
한다.

9 〈계속하기〉를 클릭한다. 녹음을 수정하려
면 〈되돌아가기〉를 클릭한다.

10 목소리 이름(MOSAICICT)을 입력한 후
〈제출하기〉를 클릭한다.

AI Tip

목소리 이름은 임의로 설정한다.

11 AI 내 목소리가 등록되면 〈완료〉를 클릭
한다.

12 [파일]–[새로 만들기] 메뉴를 클릭한 후 〈AI 목소리로 시작하기〉를 클릭한다.

13 텍스트(안녕하세요? 김종철입니다. 만나서 반갑습니다.)를 입력한 후 '**목소리 설정** ☰'을 클릭한다.

14 'AI 내 **목소리**'를 클릭하고 'MOSAICICT'를 선택한 후 〈**미리 듣기**〉를 클릭하면 등록된 내 목소리를 들을 수 있다.

2

Vcat(브이캣)
URL로 쇼츠 영상 만들기

https://vcat.ai

Vcat은 상품 URL만으로 제품의 마케팅 영상을 자동으로 완성하는 서비스이다. 또한 상품이 전시되어 있는 URL만 넣으면 수십 종의 배너를 동시에 만들어 준다.

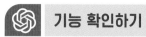

1 〈[생성 AI] URL로 영상 만들기〉를 클릭한다.

2 원하는 상품 페이지가 있는 URL(http://pages.coupang.com/f/s289965?from=home_C2&traid =home_C2&trcid=11398708)을 복사하여 붙여넣기한 후 〈시작하기〉를 클릭한다.

3 상품 페이지를 기반으로 멋진 영상이 만들어진다.

4 다른 컨셉으로 변경하려면 화면 왼쪽에서 원하는 템플릿을
클릭한다.

5 〈영상 만들기〉를 클릭하면 다른 형태의 영상이 만들어진다.

6 'VCAT.AI' 로고를 클릭하면 내가 만든 영상이 나타난다. 다운로드가 필요하면 영상 오른쪽 아래에 있는 〈다운로드〉를 클릭하면 된다.

3 Videostew(비디오스튜)
ChatGPT와 연동하여 쇼츠 영상 만들기

https://videostew.com

Videostew는 비디오와 관련한 AI 서비스로 간단하게 유튜브, 쇼츠 영상을 만들 수 있다. ChatGPT에서 만든 스크립트를 이용하여 빠르게 영상을 만들 때 최적의 환경을 제공한다.

기능 확인하기

1 〈새로운 요리 시작하기〉를 클릭한다.

2 프로젝트의 제목(**MOSAICFARM**)을 입력한 후
〈다음〉을 클릭한다.

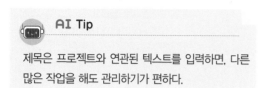

AI Tip

제목은 프로젝트와 연관된 텍스트를 입력하면, 다른
많은 작업을 해도 관리하기가 편하다.

3 '위자드 모드'를 선택(**스크립트**)한 후 〈다음〉을
클릭한다.

하나 더
'스크립트'는 텍스트 내용으로 쇼츠 영
상을 만들 때 사용한다.

AI Tip

'위자드 모드'는 마법사 모드를 말한다.

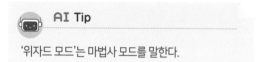

4 ChatGPT에서 내용(**6차산업혁명 20
줄로 요약**)을 생성한 후 복사한다.

 AI Tip

내용은 ChatGPT뿐 아니라 다양한
AI 서비스(뤼튼 등)에서 만든 텍스트
를 가져올 수 있다.

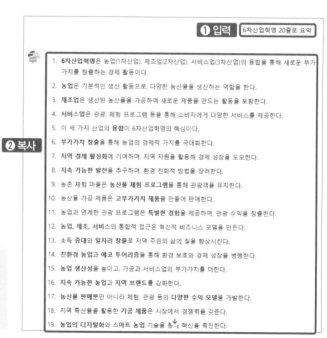

5 위자드 모드에 내용을 붙여넣기한 후 〈다음〉을 클릭한다.

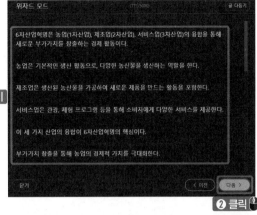

6 '레시피'를 설정한 후 〈다음〉을 클릭한다.

AI Tip

'레시피'는 만들려는 영상의 각종 설정을 하는 것을 말한다.

7 관련 텍스트 내용을 참고하여 영상이 만들어지는데, 수정할 텍스트를 더블 클릭한 후 원하는 문구(**6차산업혁명이란?**)로 수정한다.

AI Tip

화면 오른쪽에서 다양한 옵션을 이용하여 더욱 멋진 영상을 꾸밀 수 있다.

8 화면 아래에 있는 타임라인에서 수정할 영상 클립을 클릭한 후 나에게 맞게 수정한다.

9 다른 클립으로 변경하려면 화면 왼쪽에서 원하는 클립을 드래그해서 놓는다.

10 클립이 변경된 것을 볼 수 있다.

11 작업이 끝난 후 원본을 저장할 때는 화면 오른쪽 위에 있는 〈저장〉을, 내 컴퓨터로 다운로드할 때는 〈다운로드〉를 클릭한다.

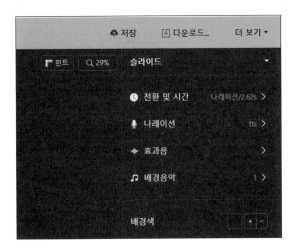

4 Pictory(픽토리)

유튜브 영상 만들기

https://pictory.ai

Pictory는 인공지능(AI)을 활용하여 비디오 콘텐츠를 자동으로 생성하고 편집할 수 있는 플랫폼이다. 사용자는 텍스트, 이미지, 짧은 비디오 클립 등을 업로드하면, Pictory가 이를 기반으로 완성된 비디오를 만들어 준다. 주로 마케팅, 소셜 미디어 콘텐츠 제작 등에 유용하게 사용된다.

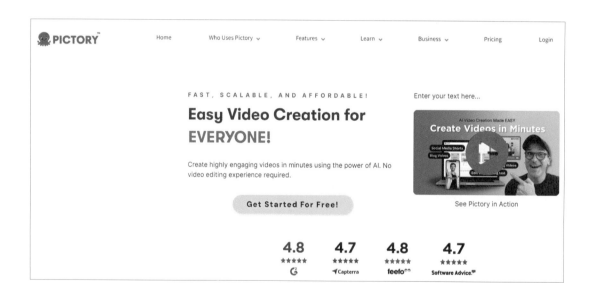

1 'Script to Video'의 〈**Proceed**〉를 클릭한다.

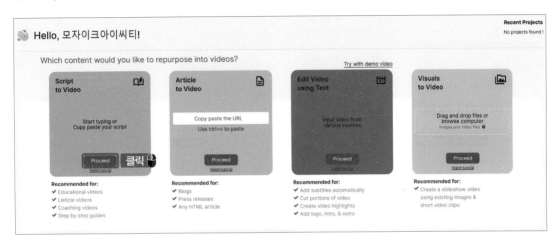

2 ChatGPT에서 내용을 생성한 후 [복사]–[붙여넣기]한 후 〈**Proceed** Cancel Proceed 〉를 클릭한다.

 AI Tip

이전에 만들었던 '6차산업혁명' 내용을 이용해도 된다.

3 영상이 만들어지고 있는 화면이 나타난다.

4 텍스트 내용에 기반한 영상이 만들어진다.

> **AI Tip**
>
> 스크립트 내용은 화면 왼쪽에서 언제든지 수정할 수 있다.

5 Scene 사이에 있는 'Add transition ◇'을 클릭하면 Scene이 바뀔 때 다양한 효과를 줄 수 있다.

6 화면 왼쪽에 있는 [Visuals]를 클릭하고 원하는 클립을 누르면 Scene이 변경된다.

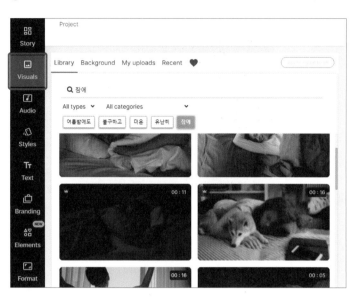

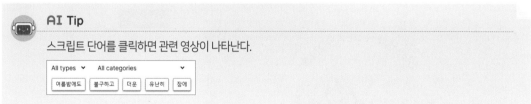

7 [Audio]를 클릭하면 원하는 배경 음악을 설정할 수 있고, [Format]을 클릭하면 동영상 크기를 지정할 수 있다.

8 작업 후 영상을 확인하기 위해 〈Preview〉를 클릭한다.

 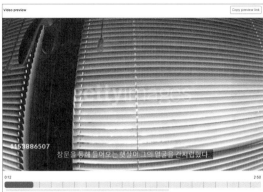

9 내 컴퓨터로 다운로드하려면 〈Download〉를 클릭한 후 〈Download〉를 클릭한다.

 AI Tip

작업 영상은 [다운로드] 폴더에 저장된다.

5 D-ID(디아이디)
영상 아바타 만들기

https://www.d-id.com

D-ID는 AI 기반의 영상 및 이미지 처리 기술을 전문으로 하는 회사로, 특히 얼굴 이미지와 관련된 기술에 중점을 두고 있다. D-ID의 기술은 주로 프라이버시 보호와 영상 생성, 그리고 얼굴 애니메이션에 사용된다. 정지된 이미지를 말하거나 움직이는 것처럼 만들어 주는 AI 영상 생성 서비스이다. 예를 들어 미드저니로 인물을 만든 후 D-ID로 움직이는 모습을 만들 수가 있다.

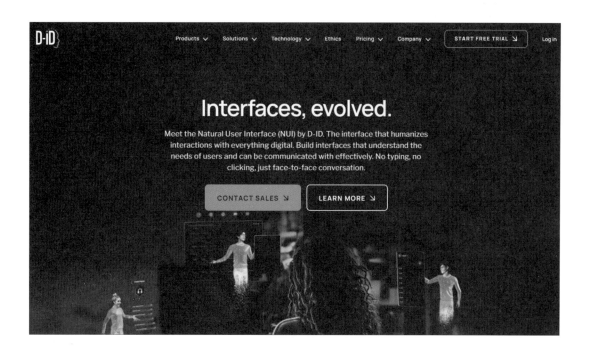

1 〈Create a video〉를 클릭한다.

2 원하는 Avatar를 선택한 후 화면 왼쪽에서 [Script]를 클릭하고 원하는 내용(**안녕하세요? 김종철입니다. 만나서 반갑습니다.**)을 입력한다.

AI Tip

D-ID는 한국어를 지원하기 때문에 직접 한글을 입력해도 된다.

3 [Background]를 클릭한 후 원하는 배경을 선택한다.

AI Tip

'Background'에는 색상뿐 아니라 다양한 이미지들로 작업할 수 있다.

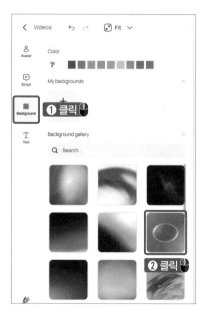

4 [Text]를 클릭한 후 원하는 글자를 선택한다. 글자 속성은 어렵지 않게 변경할 수 있다.

5 〈Generate video〉를 클릭한 후 〈Let's go〉를 클릭한다.

6 완성된 영상에서 플레이를 클릭하면 스크립트 내용과 같이 입술 모양과 행동이 연동되어 움직이는 것을 볼 수 있다.

'Share'를 클릭하면 만든 영상을 외부에 공개할 수 있다.

6 Gen-2(젠2)

이미지를 움직이는 영상으로 바꾸기

https://research.runwayml.com/gen2

Gen-2는 영상 생성 AI로 이미지나 텍스트 프롬프트를 기반으로 영상을 만들 수 있다. 미드저니로 만든 이미지를 기반으로 영상을 만들 수 있는 디자인 분야에서 엄청난 잠재력을 가지고 있는 툴이다.

 기능 확인하기

1 [Home] 메뉴에서 〈Get started〉를 클릭한다.

2 'Input image'에서 임의의 공간을 클릭한다.

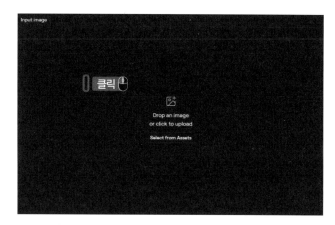

AI Tip

이미지를 드래그해서 임의의 공간에 놓아도 된다.

3 이미지 파일을 선택한 후 〈열기〉를 클릭한다.

AI Tip

해설의 이미지는 제공하지 않으므로 개인이 소유한 다른 이미지를 사용한다.

4 〈Generate 4s〉를 클릭한다.

5 이미지를 클릭하면 영상으로 바뀐 것을 볼 수 있다.

6 영상을 저장하기 위해 〈Dwonload〉를 클릭한다.

AI Tip
파일은 MP4 형태로 [다운로드] 폴더에 저장된다.

7 [Home] 메뉴에서 〈Text/Image to Video〉를 클릭한 후 영상을 드래그해서 놓는다.

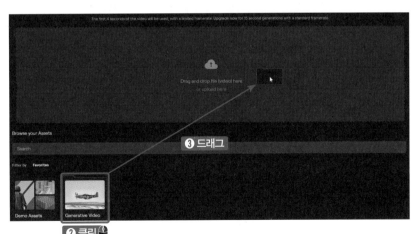

8 〈Prompt〉를 클릭하여 원하는 내용(a plane landing)을 입력한 후 〈Free previews〉를 클릭한다.

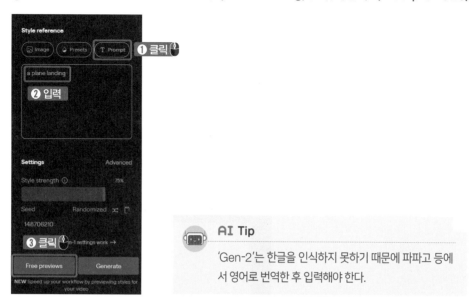

> **AI Tip**
>
> 'Gen-2'는 한글을 인식하지 못하기 때문에 파파고 등에서 영어로 번역한 후 입력해야 한다.

9 생성을 원하는 영상에 마우스를 올려놓은 후 〈Generate〉를 클릭하면 다른 영상이 만들어진다.

7 Immersity(이머서티)

이미지를 애니메이션으로 만들기

https://www.immersity.ai

Immersity는 AI를 활용하여 이미지에 간단한 모션을 추가하는 서비스이다. 복잡한 설정이 필요 없으며 AI 기반 기술로 자연스러운 3D 모션을 만들어 준다. 단 몇 초 만에 변환이 완료될 정도로 빠르게 만들어 준다.

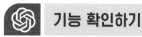

기능 확인하기

1 〈Upload〉를 클릭한다.

2 개인이 가지고 있는 이미지 파일을 선택한 후 〈열기〉를 클릭한다.

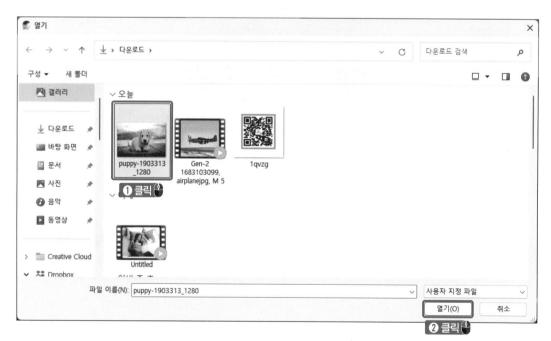

3 'Animation Style'에서 원하는 스타일(Perspective)을 선택한다.

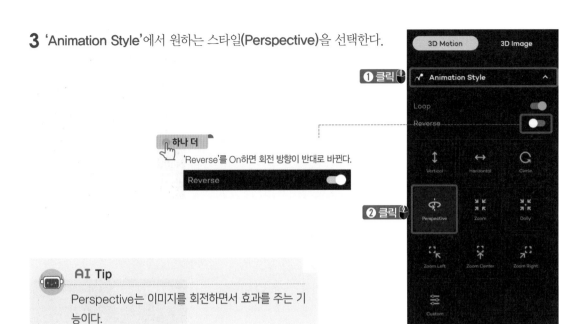

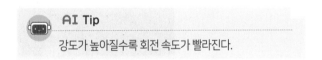

> **AI Tip**
> Perspective는 이미지를 회전하면서 효과를 주는 기능이다.

4 'Amount of Motion'에서 애니메이션 강도를 지정하는 값(79%)을 설정한다.

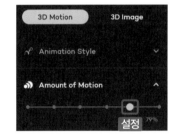

> **AI Tip**
> 강도가 높아질수록 회전 속도가 빨라진다.

5 'Animation Length'에서 애니메이션 길이를 지정하는 값(9s)을 설정한다.

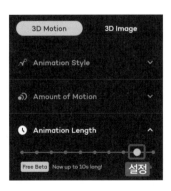

> **AI Tip**
> 'Animation Length'는 애니메이션이 실행되는 길이(시간)를 설정한다.

6 'Set Focus Point'에서 애니메이션의 중심을 설정한다.

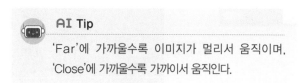

AI Tip

'Far'에 가까울수록 이미지가 멀리서 움직이며,
'Close'에 가까울수록 가까이서 움직인다.

7 'Edge Dilation'에서 중심 피사체의 가장자리를 설정(**80%**)한다.

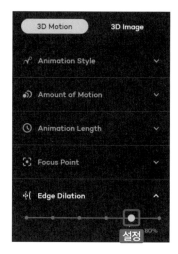

8 멋진 애니메이션 이미지가 만들어진다.

9 저장하기 위해 〈**Export**〉를 클릭한다.

10 저장 파일 형식(**MP4 3D Motion**)을 선택한 후 〈Next〉, 〈Next〉, 〈Export〉를 클릭한다.

11 〈Download〉를 클릭하면 [다운로드] 폴더에 저장되며, 해당 영상을 더블 클릭하면 멋진 애니메이션 영상이 나타난다.

8 ElevenLabs(일레븐랩스)

텍스트를 AI 성우 목소리로 변경하기

https://elevenlabs.io

ElevenLabs는 AI를 이용하여 다양한 성우가 스크립트를 읽어주는 Text to Speech이다. 내 목소리를 학습시킬 수 있는 기능도 지원되며 한국어 사용도 가능하다. 1~2분 정도의 녹음 파일만 있으면 내 목소리로 스크립트를 읽는 음성 파일을 만들 수 있어 매우 편리하다. 물론, 스크립트는 ChatGPT를 이용하면 편리하게 작업할 수 있다.

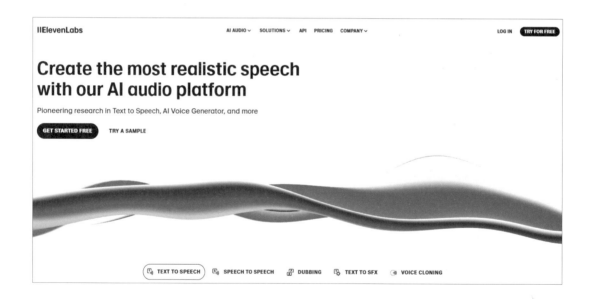

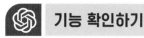

1 ChatGPT에서 스크립트(**비오는 날 먹으면 좋은 음식 추천해줘**)를 작성해서 복사한다.

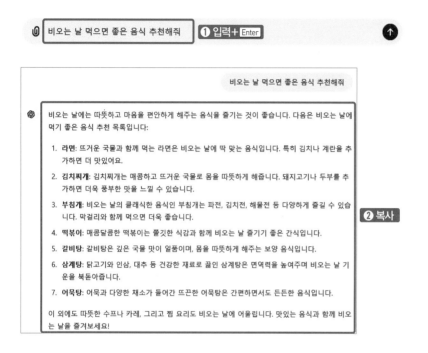

2 ElevenLabs의 [Speech] 메뉴에서 'TEXT TO SPEECH'에 붙여넣기 한 후 〈Generate speech〉를 클릭한다.

AI Tip

기본 성우인 'Rachel'을 클릭하면 다른 성우를 설정할 수 있는 화면이 나타난다.

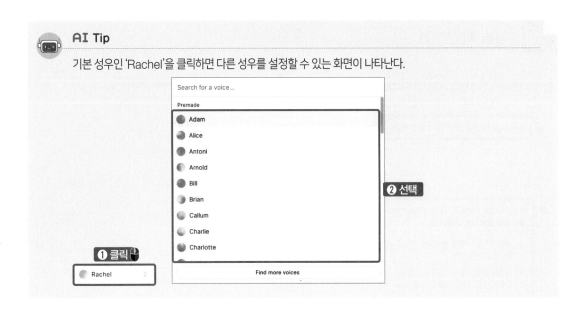

AI Tip

'Settings'를 클릭하면 음성에 관한 다양한 옵션을 설정할 수 있다.

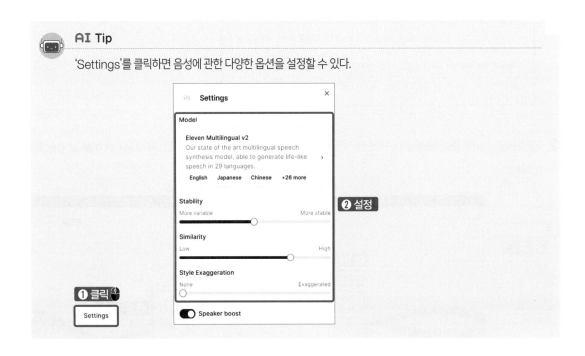

3 스크립트를 기반으로 한 음성 파일이 바로 만들어진다.

4 미리 녹음한 파일을 변환하기 위해 〈SPEECH TO SPEECH〉를 클릭한 후 〈Upload audio〉를 클릭한다.

AI Tip

- 녹음된 오디오 파일이 있으면 직접 드래그해서 놓아도 된다.
- 녹음한 오디오 파일이 없을 경우, 스마트폰 등을 이용하여 녹음한 파일을 사용한다.

AI Tip

Upload audio	Record audio
내 컴퓨터에 있는 녹음된 파일 사용	직접 음성 파일 녹음 후 사용

5 미리 녹음된 내 목소리 파일을 선택한 후 〈열기〉를 클릭한다.

6 내 음성 파일을 기반으로 한 음성 파일이 생성된다.

9 Krea AI(크레아)

텍스트(프롬프트)로 멋진 아트 이미지 만들기

https://www.krea.ai

Krea AI는 아트 이미지를 만드는 툴로 창작 과정을 빠르게 아이디어로 시각화하는 데 도움을 주는 서비스이다. 간단한 인터페이스로 고품질의 시각적 콘텐츠를 쉽게 만들 수 있는 장점이 있다.

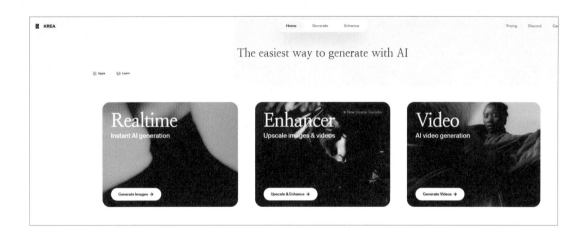

1) 이미지 생성

1 〈Realtime〉을 클릭한다.

2 프롬프트에 원하는 내용(whale swimming in the sea)을 입력하면 이미지가 생성된다.

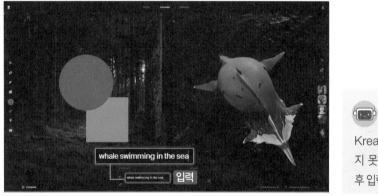

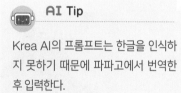

AI Tip

Krea AI의 프롬프트는 한글을 인식하지 못하기 때문에 파파고에서 번역한 후 입력한다.

3 오른쪽에서 스타일을 클릭하면 이미지가 새롭게 생성된다.

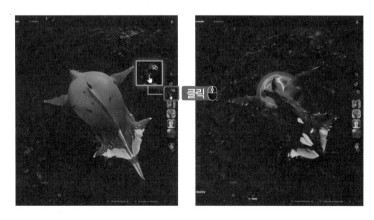

4 도형의 크기와 위치를 변경하면 이미
지가 변경된다.

2) 이미지/동영상 화질 높이기

1 Home 화면에서 ⟨Enhance⟩를 클릭한다.

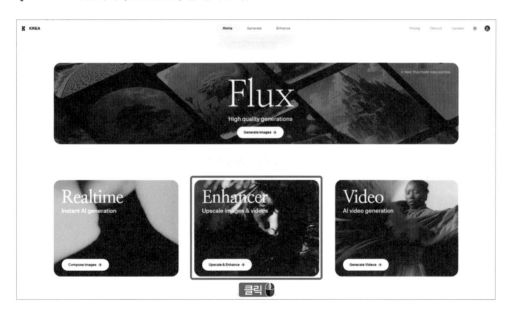

2 아래 화면의 임의의 부분을 클릭한다.

AI Tip

이미지를 복사해서 Ctrl + V 를 눌러도 된다.

3 이미지를 선택한 후 〈열기〉를 클릭한다.

4 화면 오른쪽에서 〈Enhance〉를 클릭한다.

AI Tip

화질은 최대 8배까지 가능하다.

5 화질이 2배 좋아진 것을 볼 수 있다.

10 Synthesia(신세시아)

텍스트(프롬프트)를 읽어주는 모델 만들기

https://www.synthesia.io

Synthesia는 프롬프트를 이용하여 동영상을 만드는 서비스이다. 다양한 모델이 준비되어 있으며, 텍스트와 모델의 입 모양이 연동되어 움직이는 것이 특징이다.

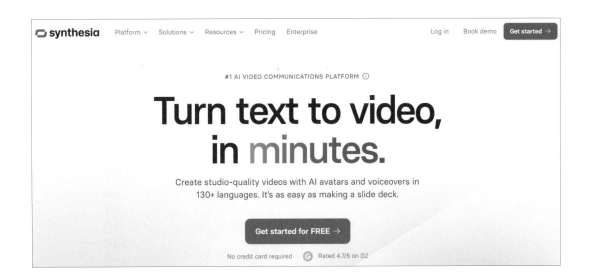

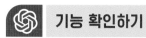
기능 확인하기

1 〈Create my first video〉를 클릭한다.

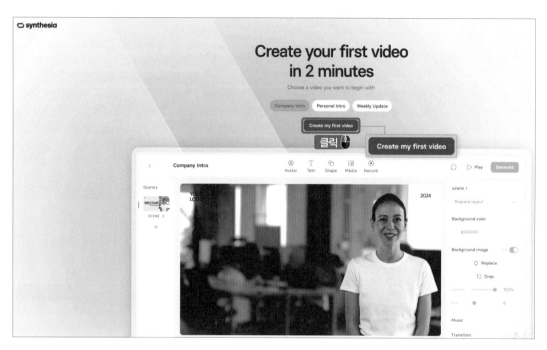

2 메인 이미지를 변경하기 위해 인물 이미지를 선택한 후 Delete 를 누른다.

3 [Avatar]를 클릭한 후 원하는 아바타
(Jimmy)를 선택한다.

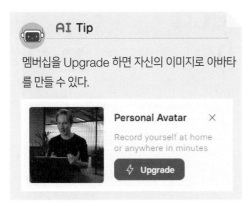

AI Tip

멤버십을 Upgrade 하면 자신의 이미지로 아바타
를 만들 수 있다.

4 **2~3** 해설을 참고하여 인물을 변경하면
음성도 변경된다.

5 🧑‍💼 EN › 를 클릭하면 다양한 음성 옵션을
설정할 수 있다.

AI Tip

목소리에 한국어 지원도 가능하다.

11 Enhance Speech (인핸스 스피치)

스튜디오에서 녹음한 것처럼 만들기

https://podcast.adobe.com

Enhance Speech는 일반 음성을 마치 스튜디오에서 녹음한 것처럼 변경해 주는 서비스이다. 전문적인 장비가 없어도 일반 음성 파일을 고품질의 음성으로 변경할 때 편리하게 사용할 수 있다.

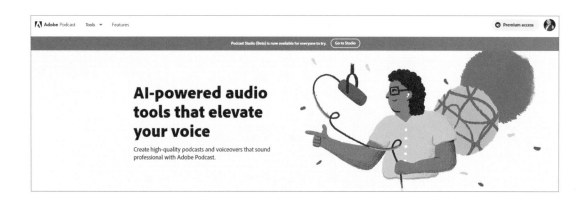

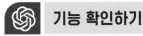 **기능 확인하기**

1 ⟨Enhance Speech⟩를 클릭한다.

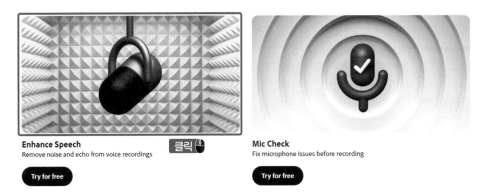

Enhance Speech
Remove noise and echo from voice recordings

Try for free

Mic Check
Fix microphone issues before recording

Try for free

2 ⟨Choose files⟩를 클릭하고, 음성 파일을 선택한 후 ⟨열기⟩를 클릭한다.

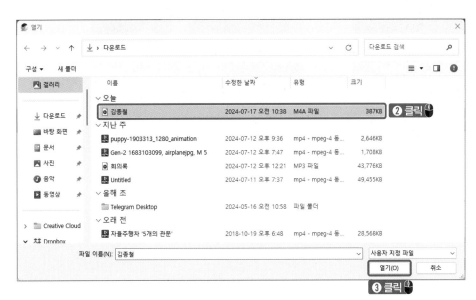

3 음성 파일이 멋지게 변경된다.

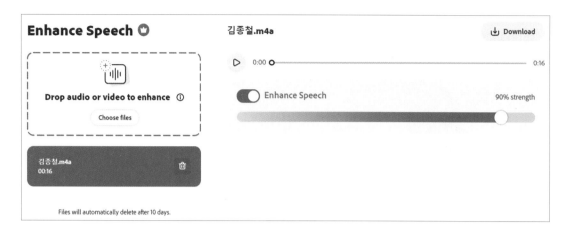

 AI Tip

Premiere Pro의 앱에서도 사용할 수 있으며 Enhance Speech에서 AI로 대화의 음질을 깔끔하게 유지할
수 있다. 또한 배경 노이즈를 제거하고 모든 단어가 또렷하게 들리도록 할 수 있다.

12 Soundraw(사운드로)

AI를 이용하여 음악 작곡하기

https://soundraw.io

Soundraw는 AI를 이용하여 누구나 음악을 직접 만들 수 있는 서비스이다. 다양한 장르를 지정할 수 있으며, 음악의 세밀한 부분까지 편집할 수 있는 것이 특징이다.

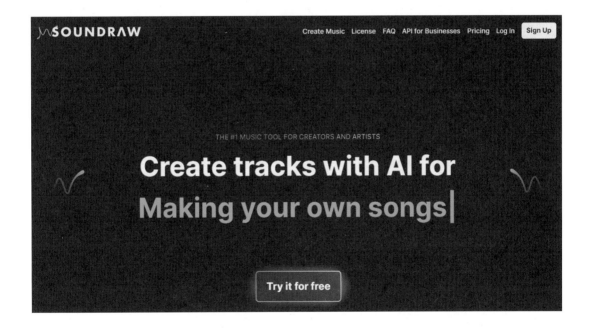

기능 확인하기

1 원하는 음악 장르를 선택한다.

2 음악이 만들어지면 ▶를 눌러 확인한다.

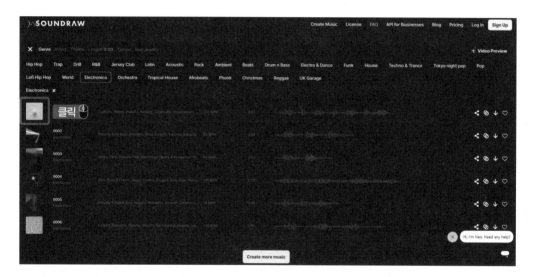

3 음악의 세부 옵션을 설정할 수 있다.

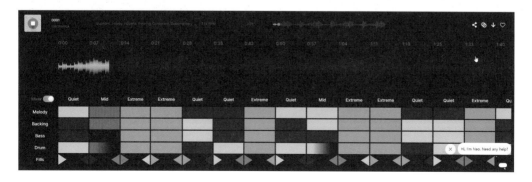

13 Aiva(아이바)

AI를 이용하여 다양한 음악 작곡하기

https://aiva.ai

AIVA(AI Virtual Artist)는 음악 작곡에 특화된 인공지능 서비스로 딥러닝 기술을 활용하여 다양한 스타일의
음악을 작곡할 수 있도록 도와준다.

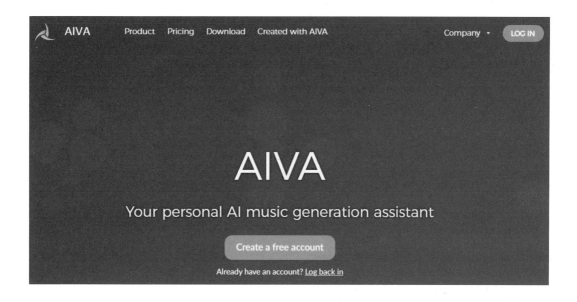

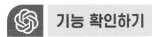 **기능 확인하기**

1 화면 왼쪽에 있는 [Create Track]–[From a Style] 메뉴를 선택한다.

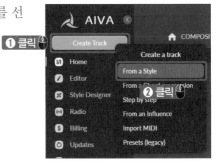

2 음악을 생성할 원하는 스타일(Techno)에 마우스를 올려놓은 후 〈Create〉를 클릭한다.

3 〈Create tracks〉를 클릭하면 음악이 생성되고, ▶를 클릭하면 음악이 들린다.

14 Aico(아이코)
AI를 이용하여 쇼츠 영상 만들기

https://aico.tv/ko

Aico는 AI를 이용하여 쇼츠, 틱톡 영상을 빠르고 편리하게 만드는 서비스이다. 클릭 몇 번만으로 훌륭한 품질의 영상을 만들 수 있어 많은 사용자를 확보하고 있다.

1 〈파일 선택〉을 클릭한다.

2 쇼츠 영상을 만들 원본 동영상을 선택한 후 〈열기〉를 클릭한다.

AI Tip

회원 가입할 때 유튜브를 연결하면 동영상이 자동으로 나타난다.

3 〈60초 영상 만들기〉를 클릭한 후 〈실행하기〉를 클릭한다.

4 60초 영상이 만들어진다.

5 화면 오른쪽에 있는 〈저장하기〉를 클릭한 후 '다운로드(⬇)'를 클릭하면 작업한 영상을 [다운로드] 폴더에 저장할 수 있다.

6 검색어를 이용하여 쇼츠 영상을 만들 수도 있다. 검색어(EBS)를 입력한 후 [Enter]를 누르거나 검색 단추(Q)를 클릭한다.

7 쇼츠 영상을 만들 원본 동영상의 〈영상 선택〉을 클릭한다.

8 〈60초 영상 만들기〉를 클릭한 후 〈실행하기〉를 클릭한다.

9 60초 영상이 만들어진다.

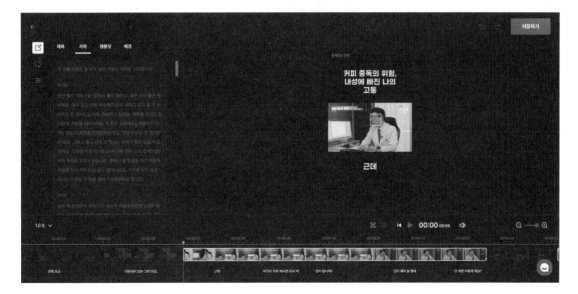

15 Genmo(겐모)
텍스트(프롬프트)를 이용하여 움직이는 영상 만들기

https://www.genmo.ai

Genmo는 사용자가 텍스트나 이미지를 통해 비디오와 이미지를 생성할 수 있는 AI 도구로 텍스트를 고품질의 비디오로 변환한다. Genmo는 720p 해상도와 30fps의 부드러운 동영상을 생성할 수 있으며, 사용자 친화적인 인터페이스를 통해 복잡한 프롬프트 없이도 간단한 언어로 원하는 비디오를 만들 수 있다.

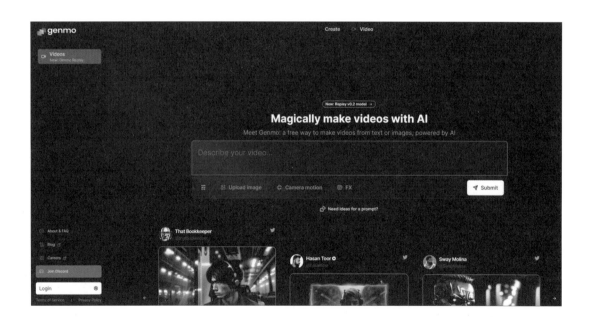

1 프롬프트(a man who enjoys surfing beautifully)를 입력한 후 〈Submit〉을 클릭한다.

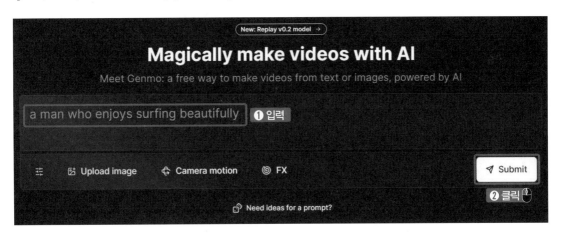

2 서핑 타는 남자의 멋진 영상이 만들어진다.

3 이번엔 원하는 이미지를 이용해서 영상을 만들어 보기 위해 〈Upload image〉를 클릭한다.

4 이미지를 선택한 후 〈열기〉를 클릭한다.

5 프롬프트(a rippling beach)를 입력한 후 〈Submit〉을 클릭한다.

6 파도치는 영상이 만들어진다.

16 HeyGen(헤이젠)

AI를 이용하여 아바타 영상 만들기

https://www.heygen.com

HeyGen은 AI 기술을 활용하여 스튜디오 품질의 비디오를 생성할 수 있는 플랫폼으로 100개 이상의 아바타와 300개 이상의 목소리를 제공하며, 한글 포함 40개 이상의 언어를 지원한다. HeyGen을 사용하면 텍스트 스크립트를 입력하여 AI 아바타가 말하는 비디오를 몇 분 안에 생성할 수 있다.

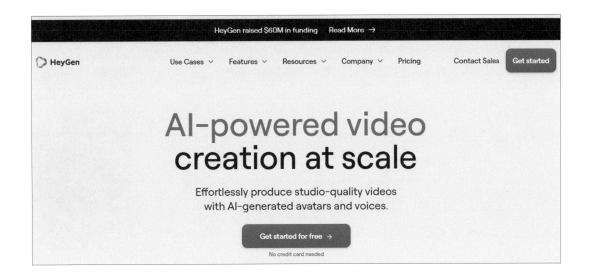

기능 확인하기

1 화면 오른쪽에 있는 [Create]-[Avatar Video] 메뉴를 클릭한다.

2 화면 왼쪽에서 원하는 아바타를 선택한다.

3 'Script'에서 원하는 내용(**안녕하세요? 김종철입니다. 만나서 반갑습니다.**)을 입력한 후 타이틀을 입력하기 위해 〈Text〉에서 〈Add Title〉을 클릭한다.

4 타이틀이 삽입되면 텍스트를 더블 클릭한 후 내용(**AI**)을 수정한다.

5 'Text Color ●'를 클릭한 후 폰트 색상을 지정하고, 적당한 위치로 이동한다.

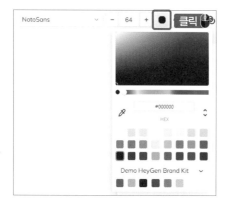 

6 ⟨Element⟩에서 원하는 Sticker, Icon, Image 등을 선택한 후 크기와 위치를 변경한다.

7 'Play video ▶'를 클릭하면 영상을 확인할 수 있다.

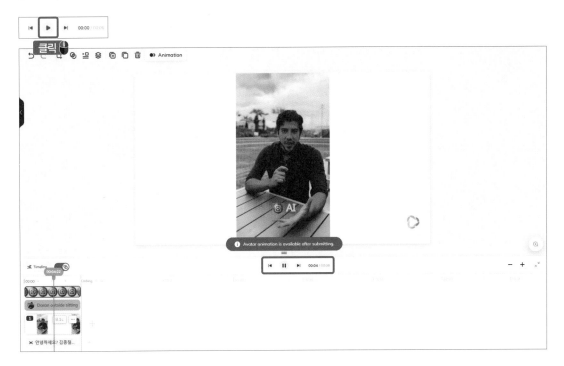

8 화면 오른쪽에 있는 ⟨Submit⟩을 클릭하여 작업을 완료한다.

Web Page 개발

이번 Part에서는 Web Page 개발과 관련한 다양한
AI 서비스들에 대해 알아본다.

1. Framer(프레이머) – AI로 자동 홈페이지 만들기

2. Uizard(유저드) – AI로 홈페이지 만들기

3. Webflow(웹플로) – AI로 웹사이트 만들기

1 Framer(프레이머)

AI로 자동 홈페이지 만들기

https://www.framer.com

Framer는 디자이너와 개발자를 위한 프로토타이핑 도구로, 웹 및 모바일 애플리케이션의 인터랙티브 프로토타입을 쉽게 만들 수 있도록 도와준다. Framer는 코딩 지식이 없어도 사용할 수 있으며, 직관적인 인터페이스와 다양한 기능을 제공하여 사용자가 아이디어를 시각적으로 표현하고 테스트할 수 있게 한다.

1 화면 오른쪽에 있는 〈New Project〉를 클릭한 후 화면 왼쪽에 있는 〈Actions〉를 클릭한다.

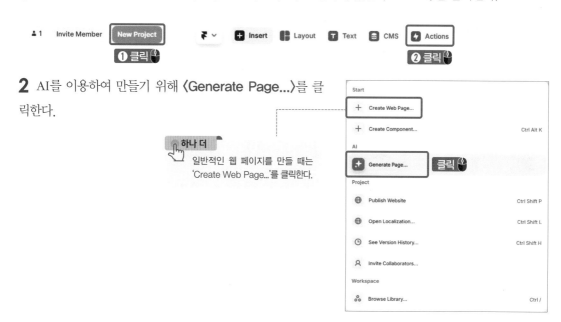

2 AI를 이용하여 만들기 위해 〈Generate Page...〉를 클릭한다.

> **하나 더**
> 일반적인 웹 페이지를 만들 때는
> 'Create Web Page...'를 클릭한다.

3 프롬프트(**카페 운영을 위한 상세 페이지**)를 입력한 후 〈Start〉를 클릭하면, 웹 페이지가 자동으로 만들어진다.

PART 04

Web Page 개발

4 'Palettes'에서 원하는 색상을 선택하면 페이지의 분위기가 변경되고, 'Display Fonts' / 'Text Fonts' 항목에서 원하는 폰트로 변경할 수 있다.

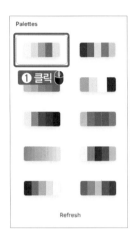
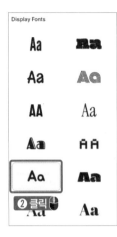
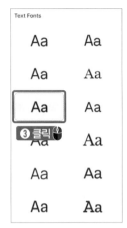

5 〈Insert〉를 클릭한다. 'Elements'에서 〈Creative〉를 클릭하고 삽입할 요소를 선택한 후 화면 오른쪽에 있는 'Time & Date'에서 옵션을 설정한다.

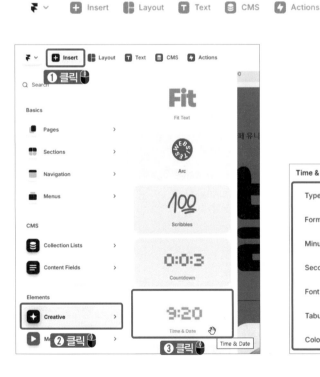

6 웹 페이지 제작이 끝나면 〈Publish〉를 클릭한다. 웹 페이지 제목(mosaicict)을 입력한 후 〈Publish〉를 클릭하면, 사이트 주소는 'mosaicict.framer.ai'로 자동으로 설정된다.

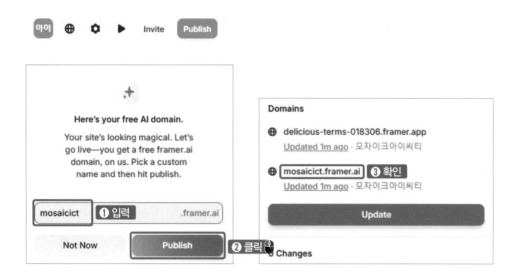

7 'https://mosaicict.framer.ai'에 접속하면 방금 전에 만든 홈페이지를 볼 수 있다.

2 Uizard(유저드)

AI로 홈페이지 만들기

https://uizard.io

Uizard는 AI를 이용한 사용자 인터페이스 디자인 및 프로토타입 서비스로, 사용자가 손쉽게 웹 및 모바일 애플리케이션의 UI를 설계하고 구현할 수 있다. 이 서비스는 사용자가 직접 코딩하지 않고도 드래그 앤 드롭 방식을 통해 인터페이스를 디자인할 수 있게 해준다.

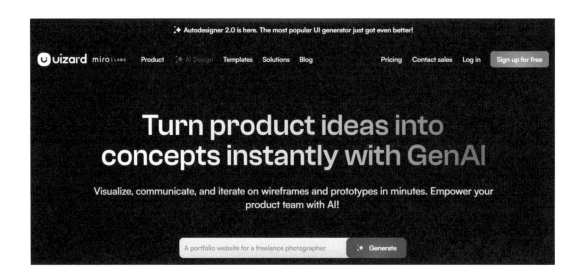

기능 확인하기

1 〈Generate with Autodesigner〉를 클릭한다.

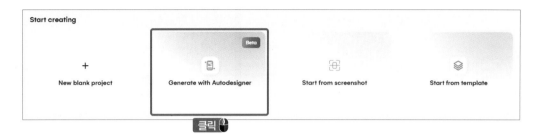

2 프롬프트(Creating a homepage for the operation of a cafe)를 입력한 후 〈Continue〉를 클릭한다.

PART 04

Web Page 개발

AI Tip

UIzard는 한글 프롬프트는 지원되지 않기 때문에 영문으로 입력해야 한다.

3 〈Prompt〉를 클릭한다.

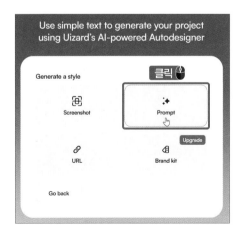

AI Tip

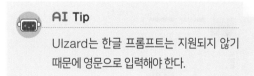

Screenshot	Prompt	URL	Brand kit
유사한 홈페이지를 캡처한 화면을 기반으로 작성	입력한 텍스트를 기반으로 작성	만들려는 홈페이지의 URL을 기반으로 작성	Uizard가 제공하는 모든 템플릿 기반으로 작성

4 프롬프트(Creating a homepage for the operation of a cafe)를 입력한 후 〈Generate my project〉를 클릭한다.

5 멋진 웹 페이지가 만들어진다.

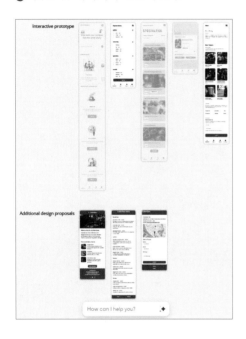

6 화면 오른쪽에 있는 〈Preview〉를 클릭하면, 웹 페이지의 결과물을 볼 수 있다.

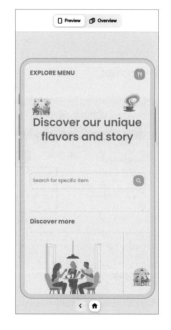

3 Webflow(웹플로)

AI로 웹사이트 만들기

https://webflow.com

Webflow는 웹사이트 디자인, 개발 및 호스팅을 위한 올인원 플랫폼으로 디자이너와 개발자들이 코드 없이 시각적으로 웹사이트를 만들 수 있도록 도와주는 서비스이다. 시각적인 드래그 앤 드롭 인터페이스를 사용하여 HTML, CSS 및 JavaScript를 직접 작성하지 않고도 웹사이트를 디자인할 수 있으며 CMS(콘텐츠 관리 시스템), 반응형 디자인의 웹사이트를 만들 수 있다.

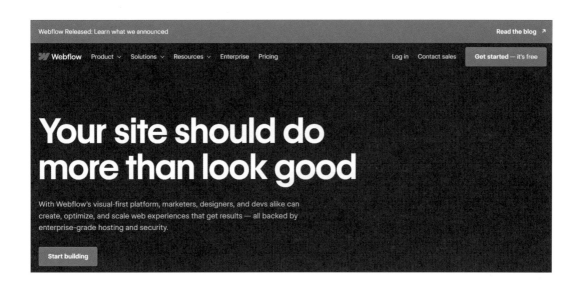

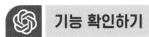

1 화면 오른쪽에 있는 〈New site〉를 클릭한 후 〈Template〉를 클릭한다.

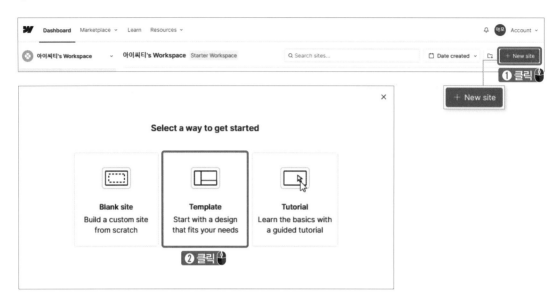

2 원하는 템플릿(Momentum)을 클릭한다.

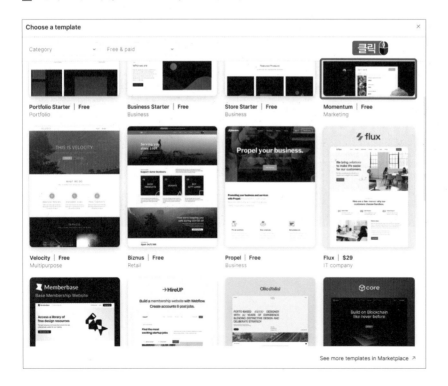

3 웹사이트 이름(MOSAICICT's Site)을 입력한 후 〈Create site〉를 클릭하면 웹사이트가 만들어진다.

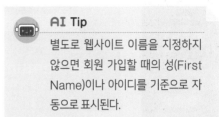

AI Tip
별도로 웹사이트 이름을 지정하지 않으면 회원 가입할 때의 성(First Name)이나 아이디를 기준으로 자동으로 표시된다.

4 화면 왼쪽에서 'Add Elements ➕'를 클릭한 후 삽입하려는 요소 (Search)를 클릭한다.

AI Tip
'Search' 요소를 직접 드래그해서 페이지에 놓아도 된다.

5 'Search' 요소를 드래그해서 'Section' 팁에 놓으면 페이지에서 위치가 변동된다.

6 화면 오른쪽에 있는 'Alignment and order'에서 Align을 'Center ▣'로 맞추면 가운데로 이동한다.

7 'Footer'를 클릭한 후 'Assets()'을 클릭한다.

8 삽입할 'Assets'(icon-silverware-magenta.svg)을 드래그해서 페이지에 놓는다.

9 이미지를 변경하기 위해 변경할 이미지(app-04.png)를 선택한 후 'Element Settings(⚙)'를 클릭한다.

10 'Replace Image…'를 클릭한 후 변경할 이미지**(bg–002.png)**를 클릭한다.

11 하이퍼링크된 페이지를 변경하려면 웹페이지 제일 상단의 **[How to Use]**를 클릭하고 〈Element Settings(⚙)〉를 클릭한 후 'Section'에서 링크를 설정할 페이지를 선택한다.

12 웹 페이지를 완성하기 위해 〈Publish〉를 클릭한다.

13 〈Publish to selected domains〉를 클릭한다.

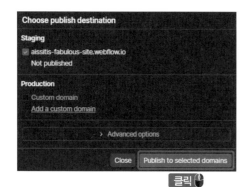

 AI Tip
별도의 도메인 주소를 가지고 있을 때는 'Custom domain'을 체크 표시한 후 설정한다. 단 유료 가입자만 가능한 서비스이다.

14 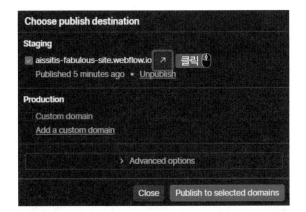을 클릭하면 완성된 홈페이지를 볼 수 있다.

OA(Office Automation)

이번 Part에서는 OA 작업과 관련한 다양한 AI 서비스들에 대해 알아본다.

1 Microsoft 365

AI로 PPT 파일 디자인하기

https://www.bing.com

Microsoft 365는 마이크로소프트에서 제공하는 구독 기반의 생산성 소프트웨어 패키지로 다양한 애플리케이션과 서비스로 구성되어 있다. 사무실에서 많이 사용하는 워드, 엑셀, 파워포인트 등의 프로그램을 사용할 수 있다.

 AI Tip

Edge 브라우저를 실행한 후 화면 왼쪽 위에 있는 ▦를 클릭한 후 'PowerPoint'를 클릭해도 된다.

기능 확인하기

1 ▪▪▪을 클릭한 후 [Microsoft 365]-[PowerPoint] 메뉴를 클릭한다.

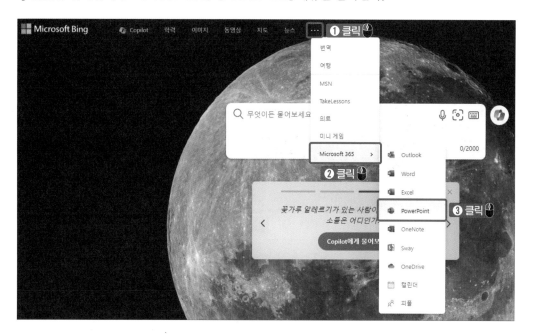

2 〈새 프레젠테이션〉을 클릭한다.

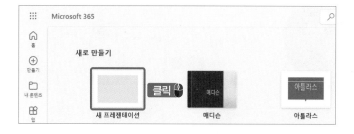

3 [삽입]-[그림]-[스톡 이미지(🔍)] 메뉴를 클릭한다.

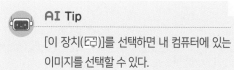

AI Tip

[이 장치(🖥)]를 선택하면 내 컴퓨터에 있는 이미지를 선택할 수 있다.

4 원하는 이미지를 선택한 후 〈**삽입**〉을 클릭한다.

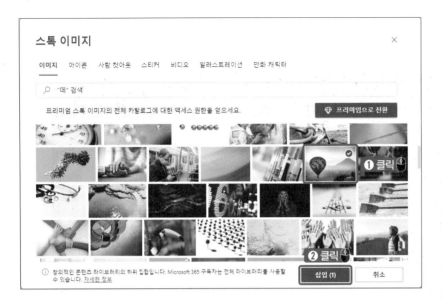

5 오른쪽에 있는 '디자이너'에서 원하는 디자인을 클릭하면 슬라이드가 변경된다.

AI Tip

'더 많은 디자인 아이디어 보기'를 클릭하면 다른 디자인을 추천해 준다.

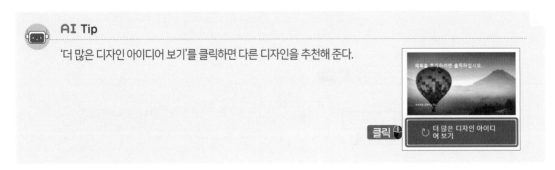

6 한 번 더 [삽입]-[그림]-[이 장치 🖳] 메뉴를 클릭한 후 삽입할 이미지(**airplane**)를 선택하고 〈**열기**〉를 클릭한다.

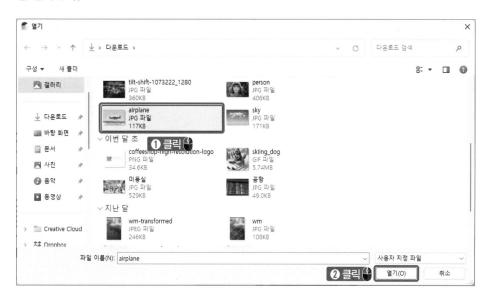

7 '디자이너'에서 원하는 디자인을 클릭하면 새롭게 슬라이드가 변경된다.

2 Gamma(감마)

AI로 PPT 파일 만들기

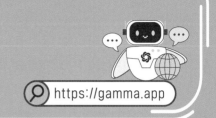

https://gamma.app

Gamma는 생성형 AI를 이용하여 10초 만에 간단하게 프레젠테이션을 만들 수 있는 사이트로 ChatGPT와 함께 사용하면 아주 편리하게 사용할 수 있다. 작업 후 PDF 파일은 물론 파워포인트 파일(.pptx)로도 저장할 수 있기에 초안을 완성한 후 파워포인트 프로그램에서 멋지게 완성할 수 있다.

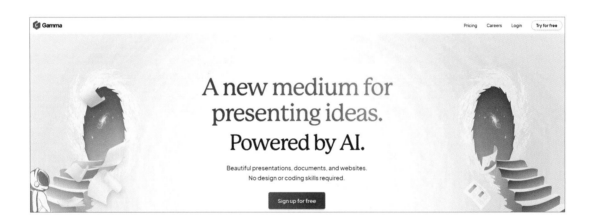

기능 확인하기

1 〈새로 만들기〉를 클릭한다.

2 AI로 편리하게 만들기 위해 〈생성〉을 클릭한다.

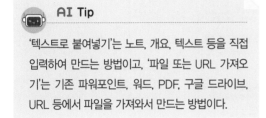

AI Tip

'텍스트로 붙여넣기'는 노트, 개요, 텍스트 등을 직접 입력하여 만드는 방법이고, '파일 또는 URL 가져오기'는 기존 파워포인트, 워드, PDF, 구글 드라이브, URL 등에서 파일을 가져와서 만드는 방법이다.

3 작업에 필요한 내용을 얻기 위해 ChatGPT에서 프롬프트(**가을 이야기를 프레젠테이션 형식으로 만들어줘**)를 입력한 후 Enter 를 누른다.

4 슬라이드 내용을 복사(Ctrl + C)한다.

AI Tip

Gamma는 ChatGPT와 연계해서 사용하면 편리하게 만들 수 있다.

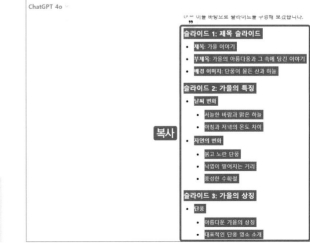

PART 05

OA(Office Automation)

5 ⟨프레젠테이션⟩을 클릭한 후 프롬프트에 붙여넣기한다.

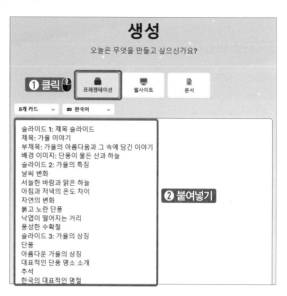

6 ⟨개요 생성⟩을 클릭한다.

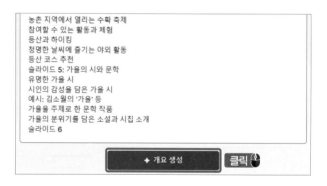

7 ⟨계속⟩을 클릭한다.

하나 더
이미지 스타일에 자세한 설정을 입력
하면 더 색다르게 슬라이드를 만들 수
있다.

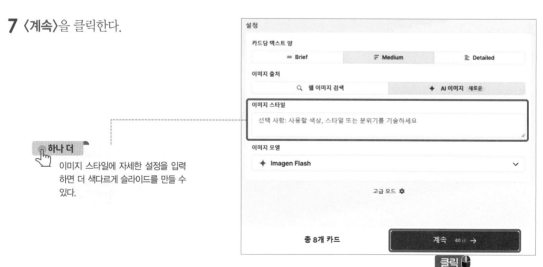

8 화면 오른쪽에서 원하는 테마를 선택한 후 〈생성〉을 클릭한다.

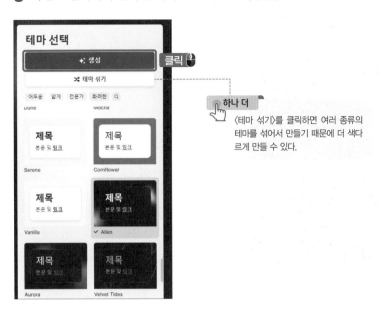

〈테마 섞기〉를 클릭하면 여러 종류의 테마를 섞어서 만들기 때문에 더 색다르게 만들 수 있다.

9 멋진 프레젠테이션 파일이 만들어진다.

10 저장하기 위해 화면 오른쪽 위에 있는 [공유]를 클릭한다.

11 '내보내기'에서 〈PowerPoint(으)로 내보내기〉를 클릭한다.

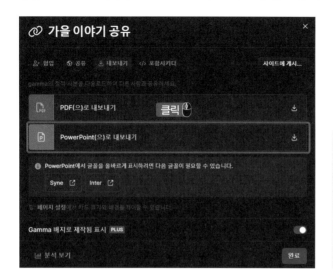

12 [다운로드] 폴더에서 저장된 파일을 더블 클릭한다.

13 Gamma에서 생성한 파일이 파워포인트에서 열리면 마무리를 멋지게 수행하면 된다.

3 Tome(톰)
AI로 프레젠테이션 만들기

https://tome.app

Tome은 AI를 활용하여 스토리텔링 방식의 콘텐츠를 생성하는 서비스이다. 예를 들어 사용자가 입력한 프롬프트를 기반으로 전체 내용을 단 몇 초 만에 프레젠테이션 파일을 만들어 주는 도구이다.

1 ChatGPT에서 프롬프트(**쇼핑몰 운영 계획서 만들어줘**)를 이용하여 내용을 만든 후 복사(Ctrl+C)
한다.

2 Tome 화면 오른쪽에 있는 〈**AI로 생성**〉을 클릭한다.

AI Tip

초기 화면에서 화면 왼쪽에 있는 '템플릿'을 클릭하면 다양하고 멋진 템플릿을 이용하여 프레젠테이션을 만들 수 있다.

3 붙여넣기 한 후 〈**개요 생성**〉을 클릭한다.

4 프레젠테이션의 레이아웃을 선택하기 위해 **〈레이아웃 선택〉**을 클릭한다.

5 원하는 레이아웃을 선택한 후 **〈다음 페이지 →〉**를 클릭한다.

6 동일한 방법으로 모든 페이지의 레이아웃을 선택한다. 선택이 완료되면 〈완료〉를 클릭한다.

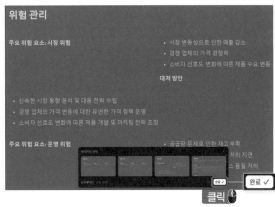

7 프레젠테이션이 자동으로 만들어진다.

8 화면 오른쪽에서 〈테마 설정 🎨 〉을 클릭하고, 'Tome 테마'의 목록 단추를 클릭한 후 원하는 테마를 선택한다.

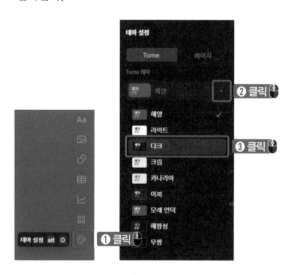

9 PDF로 저장하기 위해 ▦을 클릭한 후 **[PDF로 저장하기]**를 선택한다.

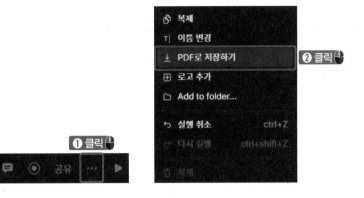

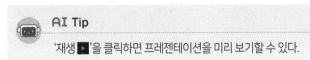

AI Tip

'재생 ▶'을 클릭하면 프레젠테이션을 미리 보기할 수 있다.

10 [다운로드] 폴더에서 저장된 파일을 더블 클릭하면 프레젠테이션을 볼 수 있다.

4 엑셀 샘플 데이터 생성
ChatGPT로 엑셀 샘플 데이터 만들기

ChatGPT 활용

데이터 분석을 연습할 때 필요한 데이터는 공공데이터포털, Kaggle, AI Hub 등에서 다운로드할 수 있다. 내가 연습하려는 데이터에 맞지 않는 경우가 발생할 경우, ChatGPT를 이용하여 간편하게 샘플 데이터를 만들수 있다.

 기능 확인하기

1 ChatGPT에 접속한 후 프롬프트(**한글로 쇼핑몰 회원 데이터 파일 만들어줘**)를 입력하고 [Enter]를 누르면 데이터 파일이 만들어진다.

2 프롬프트(**이름을 한국 이름으로 바꿔줘**)를 입력한 후 Enter를 누르면 이름이 한국식으로 변경된다.

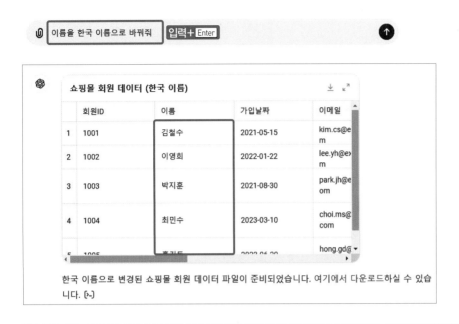

한국 이름으로 변경된 쇼핑몰 회원 데이터 파일이 준비되었습니다. 여기에서 다운로드하실 수 있습니다. (>-)

 AI Tip

이름이 한국식 이름으로 출력되었다면, "이름을 미국 이름으로 바꿔줘"로 입력한다.

3 주민등록번호를 추가하기 위해 프롬프트(**주민등록번호 추가해줘**)를 입력한 후 Enter를 누르면 주민등록번호가 추가된다.

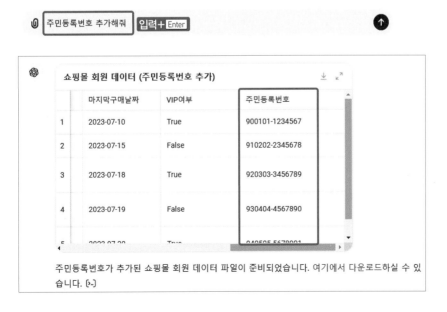

주민등록번호가 추가된 쇼핑몰 회원 데이터 파일이 준비되었습니다. 여기에서 다운로드하실 수 있습니다. (>-)

4 주민등록번호 뒷자리를 마스킹하기 위해 프롬프트(**주민등록번호 뒷자리 마스킹 처리해줘**)를 입력한 후 Enter를 누르면 주민등록번호 뒷자리가 마스킹 처리되어서 만들어진다.

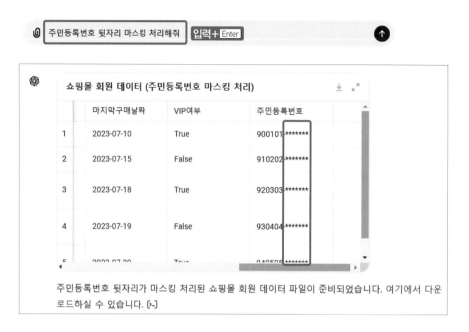

주민등록번호 뒷자리가 마스킹 처리된 쇼핑몰 회원 데이터 파일이 준비되었습니다. 여기에서 다운로드하실 수 있습니다. [>-]

5 데이터 수를 추가하기 위해 프롬프트(**데이터 100개로 만들어줘**)를 입력한 후 Enter를 누르면 데이터가 100개 만들어진다. '여기에서 다운로드'를 클릭하면 파일로 다운로드할 수 있다.

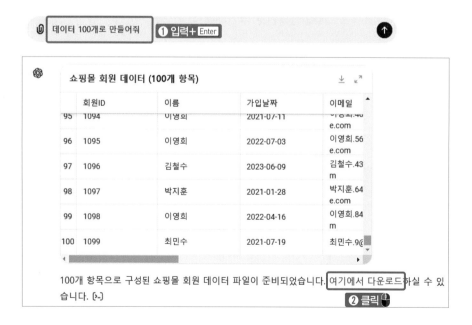

100개 항목으로 구성된 쇼핑몰 회원 데이터 파일이 준비되었습니다. 여기에서 다운로드하실 수 있습니다. [>-]

6 '다운로드'를 클릭하면 데이터 파일을 볼 수 있다.

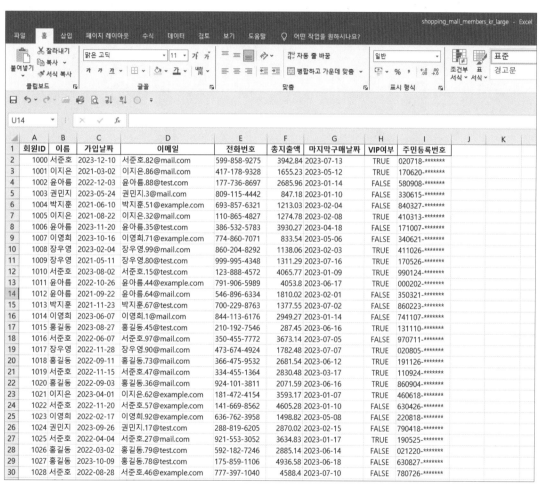

⚠	A	B	C	D	E	F	G	H	I	J	K
1	회원ID	이름	가입날짜	이메일	전화번호	총지출액	마지막구매날짜	VIP여부	주민등록번호		
2	1000	서준호	2023-12-10	서준호.82@mail.com	599-858-9275	3942.84	2023-07-13	TRUE	020718-*******		
3	1001	이지은	2021-03-02	이지은.86@mail.com	417-178-9328	1655.23	2023-05-12	TRUE	170620-*******		
4	1002	윤아름	2022-12-03	윤아름.88@test.com	177-736-8697	2685.96	2023-01-14	FALSE	580908-*******		
5	1003	권민지	2023-05-24	권민지.3@mail.com	809-115-4442	847.18	2023-01-10	FALSE	330615-*******		
6	1004	박지훈	2021-06-10	박지훈.51@example.com	693-857-6321	1213.03	2023-02-04	FALSE	840327-*******		
7	1005	이지은	2021-08-22	이지은.32@mail.com	110-865-4827	1274.78	2023-02-08	TRUE	410313-*******		
8	1006	윤아름	2023-11-20	윤아름.35@test.com	386-532-5783	3930.27	2023-04-18	FALSE	171007-*******		
9	1007	이영희	2023-10-16	이영희.71@example.com	774-860-7071	833.54	2023-05-06	FALSE	340621-*******		
10	1008	장우영	2023-02-04	장우영.99@mail.com	860-204-8292	1138.06	2023-02-03	TRUE	411026-*******		
11	1009	장우영	2021-05-11	장우영.80@test.com	999-995-4348	1311.29	2023-07-16	FALSE	170526-*******		
12	1010	서준호	2023-08-02	서준호.15@mail.com	123-888-4572	4065.77	2023-01-09	TRUE	990124-*******		
13	1011	윤아름	2022-10-26	윤아름.44@example.com	791-906-5989	4053.8	2023-06-17	TRUE	000202-*******		
14	1012	윤아름	2021-09-22	윤아름.64@mail.com	546-896-6334	1810.02	2023-02-01	FALSE	350321-*******		
15	1013	박지훈	2021-11-23	박지훈.67@test.com	700-229-8763	1377.55	2023-07-02	FALSE	860223-*******		
16	1014	이영희	2023-06-07	이영희.1@mail.com	844-113-6176	2949.27	2023-01-14	FALSE	741107-*******		
17	1015	홍길동	2023-08-27	홍길동.45@mail.com	210-192-7546	287.45	2023-06-16	TRUE	131110-*******		
18	1016	서준호	2022-06-07	서준호.97@mail.com	350-455-7772	3673.14	2023-07-05	FALSE	970711-*******		
19	1017	장우영	2022-11-28	장우영.90@mail.com	473-674-4924	1782.48	2023-07-07	TRUE	020805-*******		
20	1018	홍길동	2022-09-11	홍길동.73@mail.com	366-475-9532	2681.54	2023-06-12	TRUE	191126-*******		
21	1019	서준호	2022-11-15	서준호.47@mail.com	334-455-1364	2830.48	2023-03-17	TRUE	110924-*******		
22	1020	홍길동	2022-09-03	홍길동.36@mail.com	924-101-3811	2071.59	2023-06-16	TRUE	860904-*******		
23	1021	이지은	2023-04-01	이지은.62@example.com	181-472-4154	3593.17	2023-01-07	TRUE	460618-*******		
24	1022	서준호	2022-11-20	서준호.57@example.com	141-669-8562	4605.28	2023-01-10	FALSE	630426-*******		
25	1023	이영희	2022-02-17	이영희.92@example.com	636-762-3958	1498.82	2023-05-08	FALSE	220818-*******		
26	1024	권민지	2023-09-26	권민지.17@test.com	288-819-6205	2870.02	2023-01-29	FALSE	790414-*******		
27	1025	서준호	2022-04-04	서준호.27@mail.com	921-553-3052	3634.83	2023-01-17	TRUE	190525-*******		
28	1026	홍길동	2022-03-02	홍길동.79@test.com	592-182-7246	2885.14	2023-06-14	FALSE	021220-*******		
29	1027	홍길동	2023-10-09	홍길동.78@test.com	175-859-1106	4936.58	2023-06-18	FALSE	630827-*******		
30	1028	서준호	2022-08-28	서준호.46@example.com	777-397-1040	4588.4	2023-07-10	FALSE	780726-*******		

 AI Tip

시간이 많이 소요되지만, 100만 개 이상의 데이터도 만들 수 있다.

업무 생산성 향상

이번 Part에서는 업무 생산성 향상과 관련한 다양한 서비스들
에 대해 알아본다.

1 Aipr

보도자료를 신속하게 작성하고 기자들에게
배포하기

https://aipr.co.kr

Aipr은 AI를 이용하여 신제품 출시, 기업 홍보자료 등 보도자료를 신속하게 작성하며, 관련 기자들에게 편리
하게 배포하는 서비스이다. 회원 가입은 회사 메일로만 가능하며 네이버, 구글 등 웹메일은 불가능하다.

1 화면 왼쪽에서 [보도자료 만들기]를 클릭한다.

2 '필수'로 되어 있는 회사명/브랜드명, 대표자 이름, 보도자료 주제, 자료 첨부는 입력 및 이미지 파일이 삽입되어야 한다.

3 이미지를 추가하기 위해 〈**파일선택**〉을 클릭한다. 이미지 파일을 드래그해서 '첨부할 파일을 이곳에 넣어주세요'에 놓아도 된다.

PART 06

챗봇을 활용한 생성형 마케팅

4 이미지 파일을 선택한 후 〈열기〉를 클릭한다.

5 내용이 모두 입력되었으면 〈보도자료 생성하기〉를 클릭한다.

– 회사명/브랜드명: MOSAICICT
– 대표자 이름: 김종철
– 회사/브랜드 홈페이지 링크: http://www.mosaicict.com
– 보도자료 주제: 제품 출시
– 보도자료 내용: AI, 빅데이터, 메타버스
– 자료 첨부하기: mosaic.png

6 기사가 자동으로 만들어지면 내용을 확인한 후 〈저장하기〉를 클릭한다.

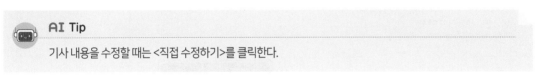

AI Tip

기사 내용을 수정할 때는 <직접 수정하기>를 클릭한다.

7 저장되었다는 화면이 나타나면 〈확인〉을 클릭한다.

8 기자들에게 전달하기 위해 〈보도자료 배포하기〉를 클릭한다.

1. Aipr **221**

9 기사를 선택한 후 〈**기자 매칭하기**〉를 클릭한다.

10 기사를 확인하기 위해 〈**최종 리뷰하기**〉를 클릭하면 작성된 최종 기사를 볼 수 있다.

11 기자들을 선택하면 기사를 해당 기자 메일로 보낼 수 있다. 프로그램 사용 요금은 보도자료 배포 여부 및 보내려는 기자의 수에 따라 결정된다.

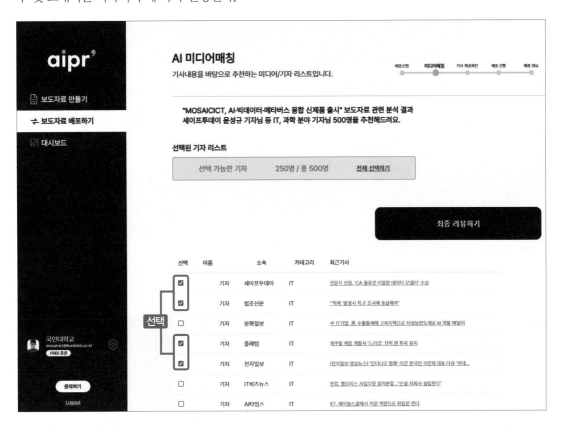

AI Tip

	Free	Basic	Pro	Enterprise
AI 보도자료 작성	무제한	무제한	무제한	무제한
보도자료 저장	무제한	무제한	무제한	무제한
보도자료 배포	×	2회/월	8회/월	30회/월
AI 미디어 매칭	×	250명 추천	500명 추천	500명 추천
1회 배포 기자 수	×	최대 500명	최대 1,000명	최대 3,000명
키워드 대시보드	×	○	○	○
	14일 무료	99,000원/월	290,000원/월	990,000원~/월

2 Tammy(태미)

유튜브 내용 요약하기

https://www.tammy.ai

Tammy는 유튜브 영상의 내용을 요약해 주는 서비스이다. 유튜브에 있는 영상의 내용은 물론, 보고자 하는 영상으로 바로 이동할 수 있는 기능을 제공한다. 빠르게 요약된 내용은 ChatGPT 및 다른 AI 서비스를 이용하여 다양하게 활용할 수 있다.

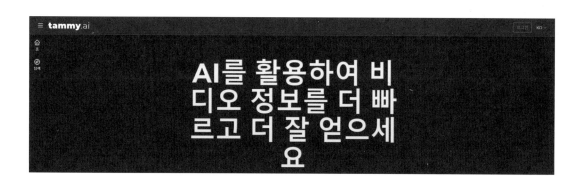

기능 확인하기

1 유튜브에서 원하는 영상의 주소를 복사한다.

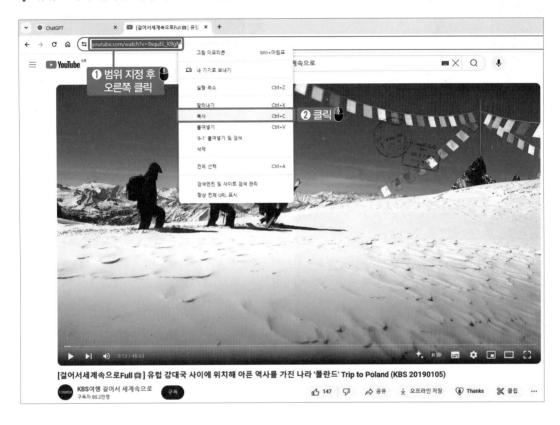

2 Tammy에서 유튜브 주소를 붙여넣기 한 후 〈기본 요약〉을 클릭한다.

🤖 **AI Tip**

기본 요약(무료)	전문 요약(유료)
동영상의 개요를 빠르고 간결하게 제공	더 많은 요약을 제공하여 동영상의 본질을 파악

3 오른쪽에 요약된 내용이 표시된다.

4 버튼을 클릭하면 구간별로 요약된 내용이 나타난다.

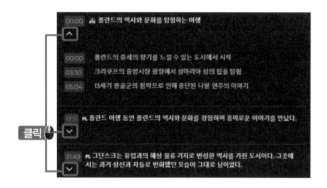

5 을 클릭하면 해당 시점의 영상이 재생된다.

3 Clovanote(클로바노트)

회의록 요약하기

https://clovanote.naver.com

클로바노트는 모바일과 컴퓨터를 이용하여 녹음한 후 AI가 자동으로 주요 주제, 다음 할 일, 요약 등을 자동으로 정리해 주는 서비스이다. 편집은 물론 북마크나 하이라이트 한 구간만 따로 모아볼 수 있고, 메모에 추가한 링크도 확인할 수 있다. 작성한 노트는 편리하게 다른 사용자와 공유하여 간편하게 사용할 수 있다.

기능 확인하기

1 화면 왼쪽에서 **〈새 노트〉**를 클릭한다. 🎤 을 클릭하면 음성을 녹음해서 요약할 수 있다.

클로바노트는 모바일과 PC에서 모두 사용할 수 있다.

2 언어를 '**한국어**'로 수정한 후 **〈파일 첨부〉**를 클릭한다.

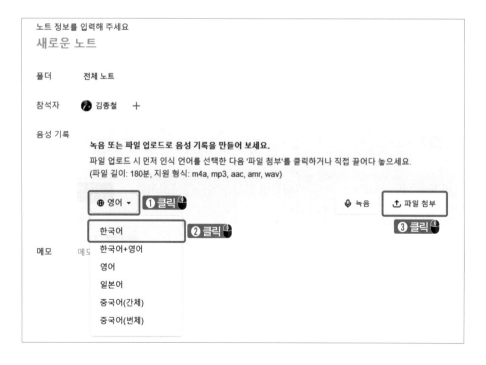

3 녹음된 파일을 선택한 후 〈열기〉를 클릭한다.

4 음성 파일의 상황을 지정한 후 〈확인〉을 클릭하면 변환이 진행되는 화면을 볼 수 있다.

– 음성 종류: 대화
– 참석자 수: 2명

5 음성 파일의 내용이 텍스트로 변환된다.

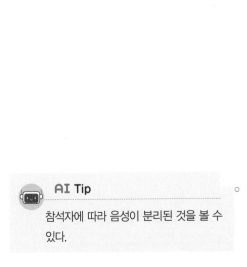

AI Tip

참석자에 따라 음성이 분리된 것을 볼 수 있다.

6 문장을 선택하면 팝업 창이 뜨는데, 여기에서 '하이라이트'를 선택하면 해당 문장을 형광색으로 표시할 수 있다.

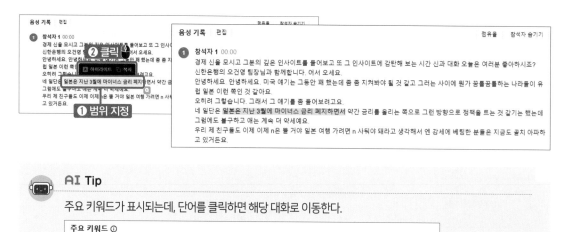

AI Tip

주요 키워드가 표시되는데, 단어를 클릭하면 해당 대화로 이동한다.

주요 키워드 ⓘ								
국채 금리	약세	물가	단기 금리	장기 금리	금리 인상	국채 발행	국채 수요	마이너스 금리 폐지	달러
인플레이션	일본은행	중앙은행	강세	헤지펀드	랜딩	금리차	긴축	안전자산	저금리

7 'AI가 요약한 핵심 내용을 확인해 보세요'를 클릭한 후 〈**요약하기**〉를 클릭한다.

메모
✦ **AI가 요약한 핵심 내용을 확인해 보세요** **❶ 클릭**
메모 추가하기

AI 요약 ✕

✦

AI 요약은 최대 15회까지
가능하고, 횟수는 매달 사용
시간과 같이 갱신됩니다.

이번 달 남은 횟수 15회

요약하기 **❷ 클릭**

8 요약된 내용을 볼 수 있다.

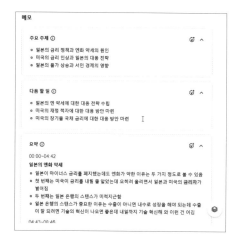

9 음성 기록된 항목에 마우스를 올려놓으면 [하이라이트], [메모], [북마크], [공유 링크], [음성 기록 편집], [텍스트 복사] 메뉴를 선택하여 설정할 수 있다.

10 노트를 공유하기 위해 〈**공유** ⤴ 〉를 클릭한다.

11 URL(링크)을 복사해서 사용할 수 있다.

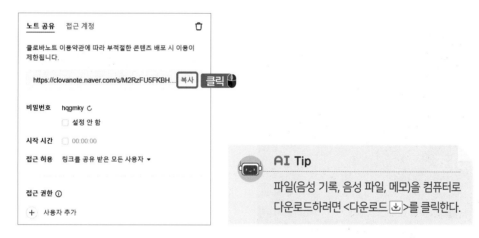

AI Tip

파일(음성 기록, 음성 파일, 메모)을 컴퓨터로 다운로드하려면 〈다운로드 ⤓〉를 클릭한다.

AI Tip

클로바노트와 비슷한 서비스로는 다글로(https://daglo.ai)가 있다.

4 Askyourpdf

PDF 파일 요약하기

https://askyourpdf.com/ko

Askyourpdf는 PDF 문서를 인터랙티브하고 대화형으로 변환하는 AI 기반 도구로 연구자, 학생, 전문가들이 문서에서 정보를 빠르고 효율적으로 추출할 수 있도록 도와준다. 단순히 PDF 파일을 요약하는 것뿐 아니라 프롬프트를 이용하여 새로운 자료를 생성하는 서비스를 이용할 수 있다.

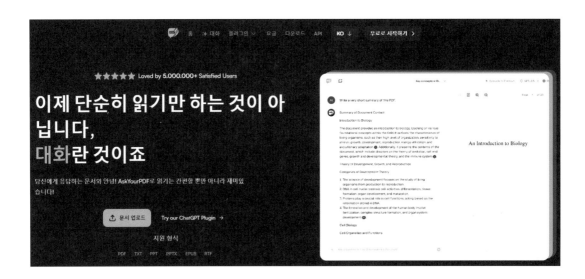

기능 확인하기

1 PDF 파일을 사용하기 위해 **〈문서 업로드〉**를 클릭한다.

2 〈클릭하여 업로드〉를 클릭한다. 파일을 드래그해서 놓아도 된다.

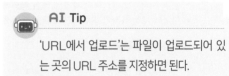

AI Tip

'URL에서 업로드'는 파일이 업로드되어 있는 곳의 URL 주소를 지정하면 된다.

3 파일을 선택한 후 〈열기〉를 클릭한다.

4 프롬프트(**30줄로 요약해줘**)를 입력한 후 Enter 를 누른다.

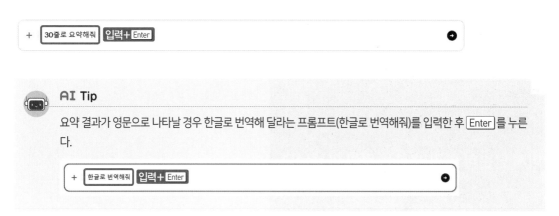

> **AI Tip**
>
> 요약 결과가 영문으로 나타날 경우 한글로 번역해 달라는 프롬프트(한글로 번역해줘)를 입력한 후 Enter 를 누른다.

5 한글로 요약본이 나타난 것을 볼 수 있다.

 Translating the Document Content into Korean

미국의 재정 적자와 관련된 내용

- 미국의 재정 적자가 심해져 국채를 더 많이 발행해야 하는 문제가 발생했습니다.
- 외환 보유고를 맡겨놓은 중국이 미국 국채 매입을 중단하면서 미국의 재정 상황이 더 악화되고 있습니다.
- 미국의 재정 적자가 이어지면서 국채 발행을 늘리고 이자를 갚기 위한 부담이 커지고 있습니다.

중립금리와 관련된 내용

- 중립금리를 결정하는 요인으로는 인구 구조, 성장률 추이, 안전자산의 수급 등이 있습니다.

그리스 사태와 재정 적자

- 그리스 사태로 인해 재정 적자를 늘리면 심각한 문제가 발생할 수 있으며, 재정 적자를 늘리는 것은 바람직하지 않습니다.

일본의 인플레이션 및 물가 상승

- 일본은 인플레이션을 필요로 하는 나라이며, 물가 상승은 서민 경제에 큰 영향을 미칩니다.
- 일본의 엔화 약세를 막기 위해 정부와 은행이 노력하고 있습니다.

일본은행의 환율 정책과 기준금리 인상

- 일본은행의 엔화 약세 발언 수정은 일본의 나라 경제에 대한 고민을 반영한 것입니다.
- 일본은행이 기준금리를 인상할 경우, 양적 완화를 통해 장기 금리를 높이는 전략을 선택할 것으로 예상됩니다.

일본의 물가 상승과 엔 강세

---

5 네이버 QR코드
다양한 QR코드 만들기

https://qr.naver.com

네이버 QR코드는 카메라를 통해 QR코드나 바코드를 인식하고, 해당 정보를 확인하거나 공유할 수 있는 기능이다. 홍보 포스터나 SNS 이미지 등 흑백 격자무늬 패턴의 사각형 이미지를 넣어서 그것을 스마트폰 카메라로 촬영하면 프로모션, 서비스 웹페이지로 손쉽게 이동할 수가 있어 많이 사용되고 있다.

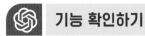
1 〈코드 생성〉을 클릭한다.

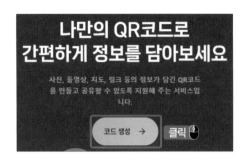

AI Tip

QR코드는 Quick Response Code의 약자로, 검은색과 흰색의 정사각형 모양으로 이루어진 2차원 바코드이다.

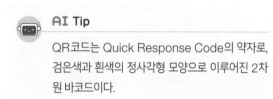

2 코드 스타일(**기본형**)과 스킨 스타일(**연두색**)을 선택한다.

3 중앙 로고(**mosaic.png**)를 삽입하면 QR코드 가운데에 로고 이미지를 넣을 수 있다.

4 문구(MOSAICICT)를 입력하면 QR코드에 텍스트를 넣을 수 있다.

5 문구의 컬러(**보라색**)를 설정할 수 있다.

6 설정이 완료되면 〈다음〉을 클릭한다. 〈초기화〉를 클릭하면 새롭게 설정할 수 있다.

초기화

작성 취소　　　　　　　　　　　　　　　　　　　다음 〉　클릭 🖱

7 페이지 유형을 선택한 후 〈다음〉을 클릭한다.

①　②　③
코드 디자인　페이지 유형 선택　페이지 정보 입력

페이지 유형 선택

○ URL 링크　❶ 클릭 🖱　　○ 메뉴판

○ 초대장　　○ 와이파이　　○ 쿠폰

○ 안내문　　○ 자체제작

초기화

QR코드 미리보기

QR코드를 스캔 시 나올 랜딩 페이지의 미리 보기 생
물입니다.

🔒 navercorp.com

NAVER　　≡

1784 THE TESTBED

네이버 1784에서 우리는 혁신을 현실로 만들고
있습니다. 네이버의 다양한 기술을 실험과 도전,
융합을 통해 새로운 기회와 가능성을 만들어 갑니다.

작성 취소　　　　　〈 이전　　　다음 〉

❷ 클릭 🖱

URL 링크	명함	메뉴판	초대장
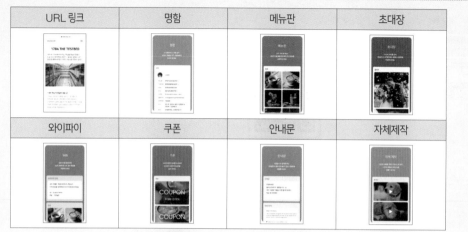			
와이파이	쿠폰	안내문	자체제작

AI Tip

<URL 링크>를 선택할 경우, 완성된 QR코드 이미지를 유지한 채 URL 링크를 수정하여 사용할 수 있다.

8 페이지 제목(필수), 페이지 설명(선택)을 입력한다.

– 페이지 제목: 성안당
– 페이지 설명: 성안당 홈페이지로 이동합니다. ^^

9 웹사이트 링크에서 제목(선택)과 URL 링크(필수)를 입력한 후 **<링크첨부>**를 클릭한다.

– 제목: 성안당 홈페이지
– URL 링크: https://www.cyber.co.kr

10 설정을 모두 끝냈으면 〈다음〉을 클릭한다.

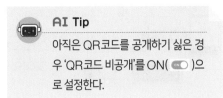

AI Tip

아직은 QR코드를 공개하기 싫은 경우 'QR코드 비공개'를 ON( )으로 설정한다.

11 QR코드가 생성되면, 이미지 파일로 저장하기 위해 〈**코드 저장**〉을 클릭한다.

AI Tip

〈코드 공유〉를 클릭하면 다양한 방법으로 다른 사용자에게 전달할 수 있다.

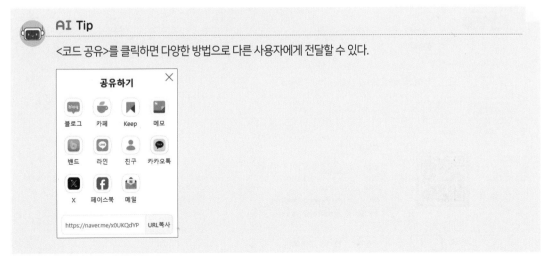

12 옵션을 설정한 후 〈저장〉을 클릭한다.

– QR코드 유형: jpg
– QR코드 사이즈: 357×357

13 저장된 이미지를 더블 클릭하면 QR코드의 이미지를 볼 수 있다.

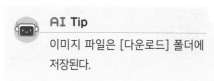

AI Tip
이미지 파일은 [다운로드] 폴더에
저장된다.

14 [코드 관리] 메뉴를 클릭하면 만들었던 QR코드가 저장되어 있어 언제든지 수정할 수 있다.

6 Bitly(비틀리)

단축 URL 만들기

https://bitly.com

bitly는 URL 단축 및 링크 관리 플랫폼으로, 긴 URL을 짧고 간결한 링크로 변환해 주는 서비스이다. 이는 링크를 더 쉽게 공유하고, 클릭률을 높이며, 브랜드 인지도를 향상하는 데 유용하다.

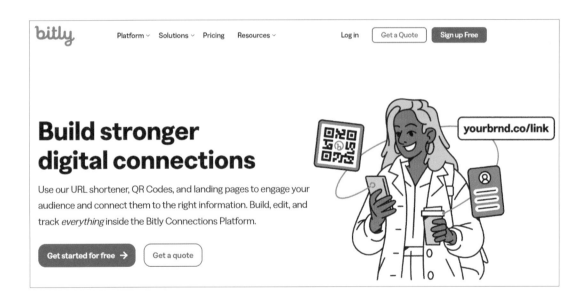

1 유튜브에서 임의의 긴 URL(https://www.youtube.com/watch?v=anwqFgGM8KM)을 복사한다.

2 bitly의 [Links]를 클릭한 후 〈Create a Bitly Link〉를 클릭한다.

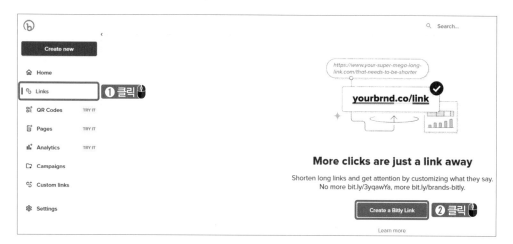

3 'Destination'에 붙여넣기한 후 Enter 를 누른다.

4 단축 URL(https://bit.ly/3S2HZ4W)이 만들어진다.

5 QR Code를 만들기 위해 〈Create QR Code〉를 클릭한다.

AI Tip

QR Code는 꼭 만들어야 하는 건 아니어서, 4번에서 만든 단축 URL만 사용해도 꽤 유용하다.

6 〈Create your Code〉를 클릭한다. 스타일이나 컬러에서 설정하면 색다르게 QR코드를 만들 수 있다.

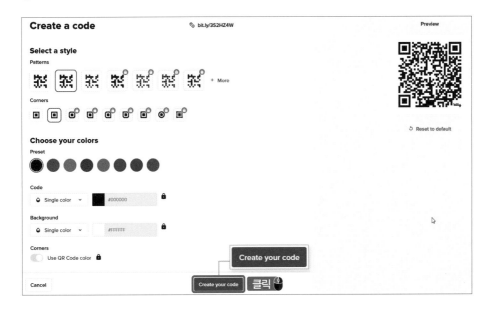

7 QR Code가 만들어지면 저장하기 위해 〈Download PNG〉를 클릭한다.

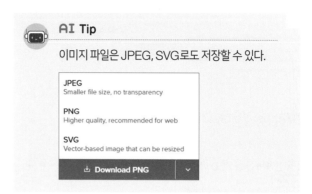

AI Tip

이미지 파일은 JPEG, SVG로도 저장할 수 있다.

JPEG
Smaller file size, no transparency

PNG
Higher quality, recommended for web

SVG
Vector-based image that can be resized

AI Tip

화면 왼쪽에 있는 'Analytis'를 클릭하면 방문 정보 등을 볼 수 있다.

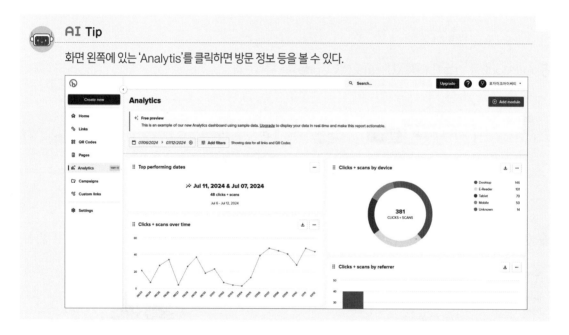

7 4K Video Downloader
유튜브 영상을 내 컴퓨터로 다운로드하기

https://www.4kdownload.com

4K Video Downloader는 다양한 웹사이트(특히 유튜브)에서 고품질 비디오를 다운로드할 수 있는 강력한 도구이다. 이를 통해 YouTube, Vimeo, TikTok, Facebook 등 여러 플랫폼에서 비디오를 저장할 수 있으며, 4K 해상도까지 지원한다.

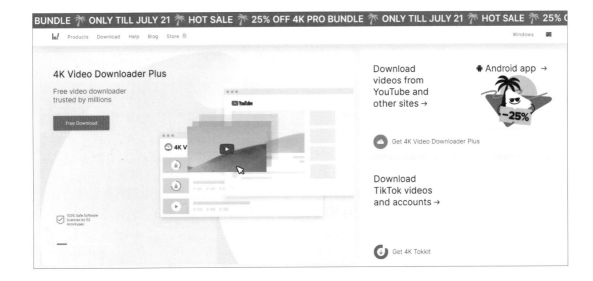

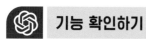 **기능 확인하기**

1 홈페이지에서 〈Free Download〉를 클릭한 후 설치한다.

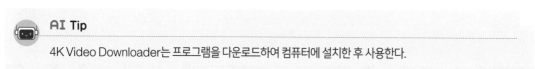

AI Tip

4K Video Downloader는 프로그램을 다운로드하여 컴퓨터에 설치한 후 사용한다.

2 4K Video Downloader를 실행하면 다음과 같은 화면이 나타난다.

3 유튜브를 실행한 후 다운로드할 영상의 URL을 복사(Ctrl + C)한다.

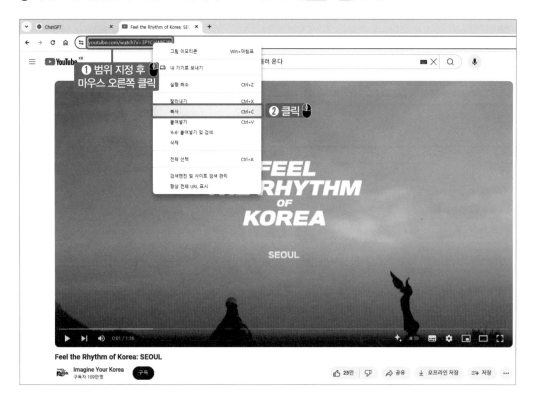

4 4K Video Downloader에서 〈링크 복사〉를 클릭한다.

5 동영상 품질(MP4)을 선택한 후 〈**다운로드**〉를 클릭한다.

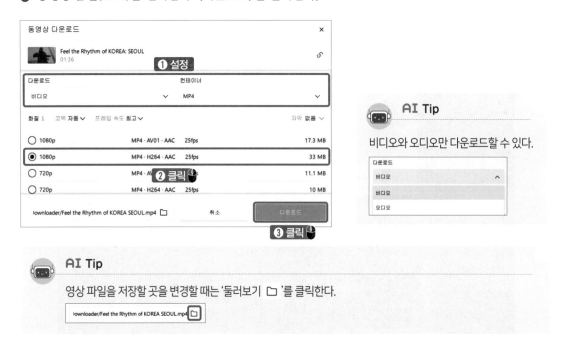

6 비디오가 다운로드 완료된 것을 볼 수 있다. 저장된 기본 폴더는 [동영상]-[4K Video Downloader]이다.

7 이번에는 사운드만 다운로드하기 위해 〈링크 복사〉를 한 번 더 클릭한다.

8 사운드 품질을 선택(MP3)한 후 〈다운로드〉를 클릭한다.

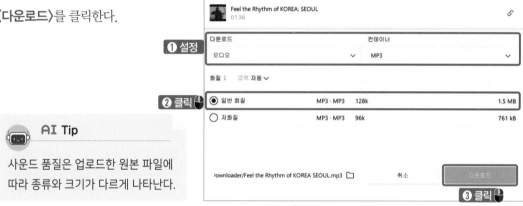

9 사운드가 다운로드 완료된 것을 볼 수 있다.

10 〈폴더에서 보기 🗁〉를 클릭하면 다운로드 된 폴더로 이동한다.

11 [동영상]–[4K Video Downloader] 폴더에서 다운로드 된 영상과 사운드 파일을 볼 수 있다.

8 Waveon(웨이브온)
홈페이지(랜딩 페이지) 만들기

https://www.waveon.io

Waveon은 다양한 마케팅 콘텐츠를 빠르고 쉽게 제작할 수 있게 하는 서비스로, AI와 미리 만들어진 템플릿을 사용하여 최소한의 노력으로 랜딩 페이지, 뉴스레터, 퀴즈 등을 생성할 수 있다.

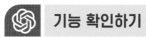
기능 확인하기

1 화면 왼쪽에서 **[템플릿]**을 클릭한다.

2 **[랜딩페이지]**를 클릭한다.

3 'AI 자동 랜딩 페이지'에 마우스를 올려 놓은 후 〈AI 랜딩 페이지 생성하기〉를 클릭한다.

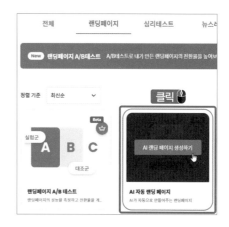

4 만들려고 하는 페이지의 정보를 입력한 후 〈나만의 웹사이트 만들기〉를 클릭한다.

– 사이트의 이름은 무엇인가요?: MOSAICFARM
– 어떤 것에 대한 사이트인가요?: 스마트팜 전문 기업입니다.

5 AI가 랜딩페이지를 만들고 있는 모습을 볼 수 있다.

6 랜딩페이지가 만들어진다.

🖵 를 클릭하면 PC 화면용 랜딩페이지를 볼 수 있다.

7 화면을 아래로 내리면 다른 페이지도 만들어
진 것을 볼 수 있다.

8 화면 왼쪽에 있는 [Elements 🗗]를 클릭하
면 다양한 자료를 삽입할 수 있다.

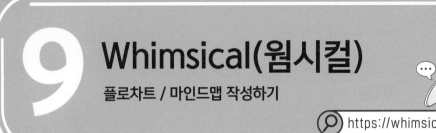

9 Whimsical(웜시컬)

플로차트 / 마인드맵 작성하기

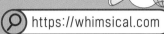
https://whimsical.com

Whimsical은 아이디어 시각화와 협업을 위한 온라인 도구로, 마인드맵, 플로차트, 와이어프레임, 스티키 노트 등 다양한 형태의 다이어그램을 쉽게 만들 수 있도록 도와준다. 직관적인 인터페이스와 실시간 협업 기능을 제공하여 팀원들과 함께 아이디어를 정리하고 발전시킬 수 있다.

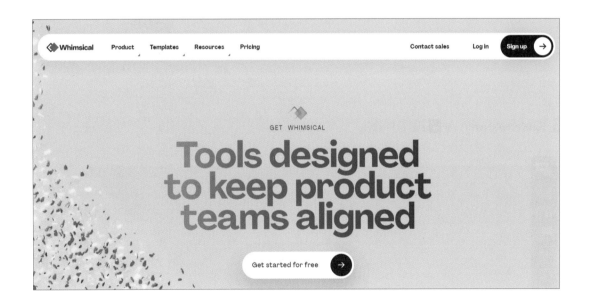

1) Flowchart

1 화면 왼쪽에 있는 〈Create new〉를 클릭한다.

2 〈Board〉를 클릭한다.

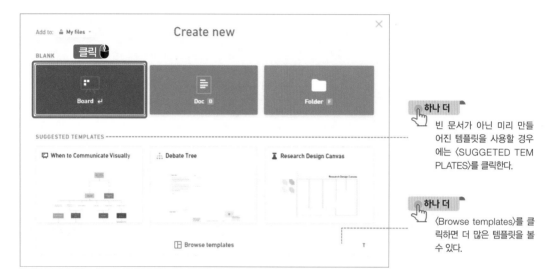

> **하나 더**
> 빈 문서가 아닌 미리 만들어진 템플릿을 사용할 경우에는 〈SUGGESTED TEMPLATES〉를 클릭한다.

> **하나 더**
> 〈Browse templates〉를 클릭하면 더 많은 템플릿을 볼 수 있다.

3 [Generate with AI ✦]를 클릭한다.

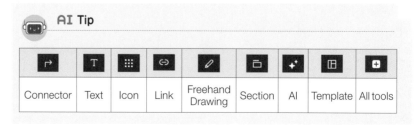

AI Tip

↱	T	⠿	↔	✎	▱	✦	⊞	⊕
Connector	Text	Icon	Link	Freehand Drawing	Section	AI	Template	All tools

4 [Flowchart]에서 프롬프트(**카페 창업을 위한 사업계획**)를 입력한 후 〈Create〉를 클릭한다.

AI Tip

프롬프트 입력 후 Ctrl + Enter 를 눌러도 된다.

5 플로차트가 만들어진다.

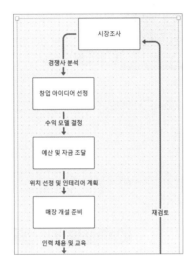

6 화면 왼쪽에서 [Mind map]을 클릭한다.

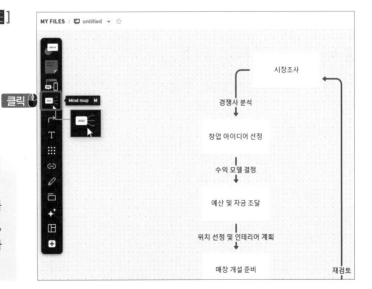

AI Tip

마인드맵(Mind Map)은 아이디어를 시각적으로 정리하고 연결하는 도구로, 중심 주제를 중심으로 가지를 뻗어나가는 형태로 구성된다.

2) Mind map

1 화면 왼쪽에 있는 〈Create new〉를 클릭한 후 〈Board〉를 클릭한다.

2 화면 왼쪽에 있는 〈Generate with AI ✦〉를 클릭한다.

3 [Mind map]에서 프롬프트(**카페 창업을 위한 사업계획**)를 입력한 후 〈Create〉를 클릭한다.

4 마인드맵이 만들어지면 추가할 노드(항목, **직원 채용 및 교육 계획**)를 클릭한 후 〈Generate Ideas ✦〉를 클릭한다.

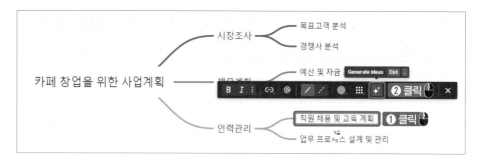

5 아이디어 가지가 추가되면서 확장된다.

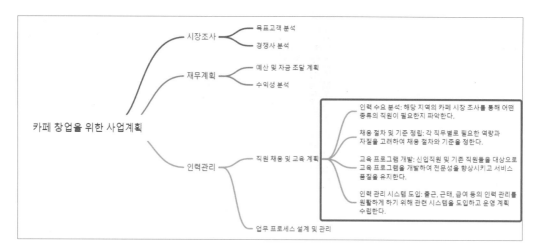

'Create new' 화면에서 <Browse templates 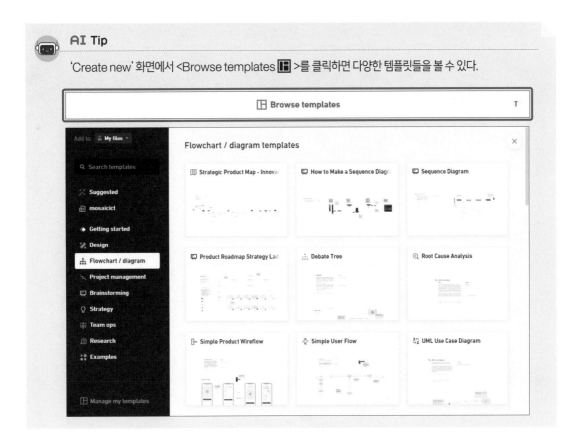 >를 클릭하면 다양한 템플릿들을 볼 수 있다.

07

유용한 웹/앱

이번 Part에서는 AI와 관련한 다양한 웹/앱 서비스들에 대해 알아보겠습니다.

1 Pixabay(픽사베이)

고품질 이미지 무료로 다운로드하기

https://pixabay.com/ko

픽사베이는 500만 개 이상의 고퀄리티 무료 이미지와 동영상을 공유하는 커뮤니티로 한글 검색을 지원하고
무료로 상업적으로 사용 가능하며, 회원 가입 없이도 사용할 수 있는 온라인 플랫폼이다.

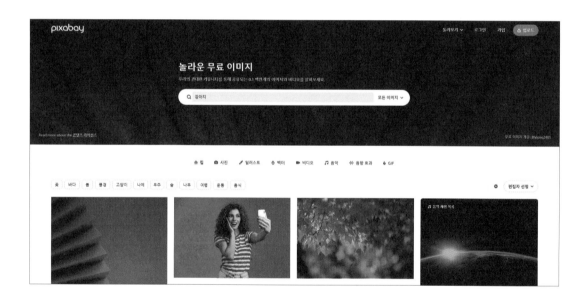

1 검색어에 원하는 텍스트(**강아지**)를 입력한 후 Enter 를 누른다.

2 '로열티 없는 이미지'에서 다운로드하려는 이미지를 클릭한다.

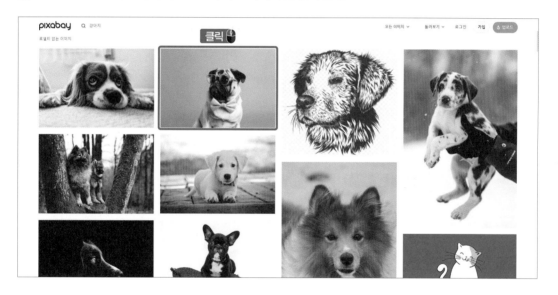

 AI Tip

픽사베이는 유료(iStock) 이미지와 무료 이미지를 동시에 제공한다. 무료 이미지만
으로도 업무에 사용할 수 있는 이미지가 매우 많으며, 홈 화면에서 '콘텐츠 라이선스'
를 클릭하면 자세한 라이선스 규정을 볼 수 있다.

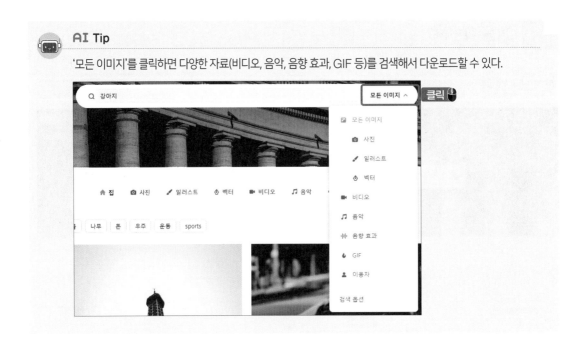

3 〈다운로드〉를 클릭하고 이미지 크기를 선택한 후 이미지를 저장하기 위해 〈다운로드〉를 클릭한다. 일반적으로 제일 큰 크기의 이미지는 회원가입을 해야 다운로드할 수 있다.

4 다운로드뿐 아니라 편집이 필요할 경우 〈**이미지 편집** 이미지 편집 〉을 클릭하면 캔바에서 편집도 할 수 있다.

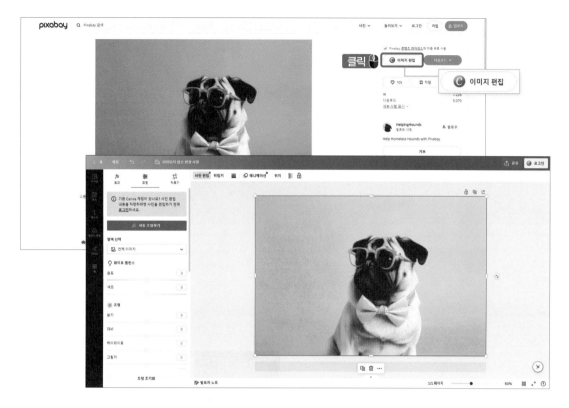

5 화면을 아래로 내리면 비슷한 무료 이미지들이 나타나서 다른 이미지들을 별도로 검색할 필요가 없어 편리하다.

2 Unsplash(언스플래시)

다양한 무료 이미지 다운로드하기

https://unsplash.com/ko

언스플래시는 전 세계 다양한 사진작가들이 제공하는 무료 고해상도 이미지 라이브러리이다. 트렌디한 사진, 일러스트레이션, 벡터 등 다양한 시각 자료를 무료로 제공하며, 상업적 및 비상업적 목적으로 사용할 수 있다. 회원 가입 없이도 이미지를 다운로드할 수 있어 편리하다.

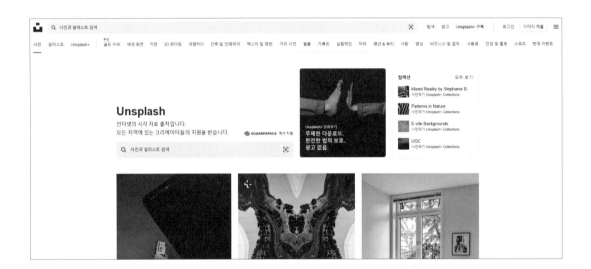

기능 확인하기

1 검색어에 원하는 텍스트(**컴퓨터**)를 입력한 후 Enter를 누른다.

AI Tip

<시각적 검색 ⊙ >을 클릭한 후 이미지를 불러오면 비슷한 이미지들을 검색해 준다.

2 이미지 아래에 있는 연관어(**동물 이미지 및 사진, Dog Images & Pictures, 전자공학**)를 클릭하면 관련 이미지가 나타나며, 원하는 이미지를 클릭한다.

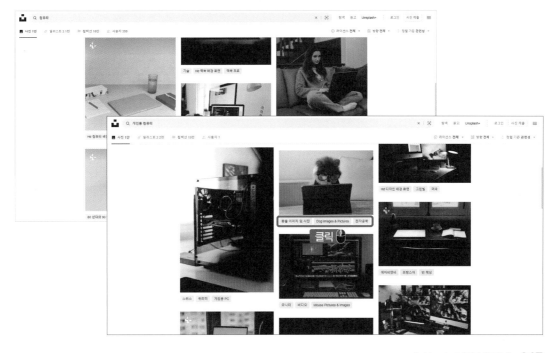

3 〈무료 다운로드〉를 클릭하여 이미지를 다운로드한다.

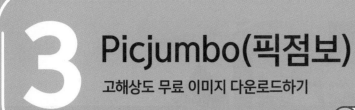

3 Picjumbo(픽점보)

고해상도 무료 이미지 다운로드하기

https://picjumbo.com

Picjumbo는 프리미엄 컬렉션과 무료 스톡 사진, 배경, 고해상도 이미지를 제공하는 웹사이트이다. 다양한 카테고리의 이미지들이 있어 웹사이트와 디자인에 활용할 수 있다. 업무 용도로 필요한 파워포인트, 발표 자료에 넣기 좋은 비즈니스, 아이콘 관련 자료들이 다양하게 있다.

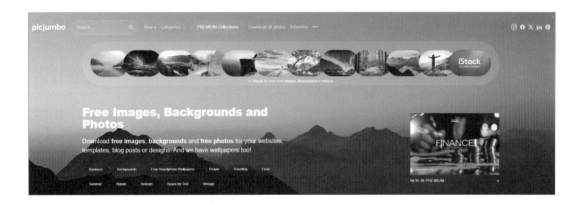

 기능 확인하기

1 검색어에 원하는 텍스트(**computer**)를 입력한 후 Enter 를 누른다.

 AI Tip

검색어로 한글은 지원되지 않는다.

2 다운로드하려는 이미지를 클릭한 후 〈Free Download〉를 클릭한다.

 AI Tip

무료 이미지를 사용할 때는 해당 사이트에 있는 저작권 규정을 반드시 살펴보는 것이 중요하다.

AI Tip

5천 장 이상의 고품질 이미지가 있는 'https://www.pexels.com', 창의적인 이미지가 많은 'https://gratisography.com', 3억 장 넘는 이미지를 보유하고 있는 'https://visualhunt.com'도 유용하다.

4 Flaticon(플랫아이콘)
아이콘(PNG) 다운로드하기

https://www.flaticon.com

Flaticon은 무료 벡터 아이콘, 사진, PNG 파일을 제공하는 사이트이다. 사용자들은 Flaticon에서 다양한 디자인 리소스를 찾아 자신의 프로젝트에 활용할 수 있다. 1,600만 개 이상의 아이콘 이미지를 제공하여 사용하고자 하는 이미지는 거의 사용할 수 있는 장점이 있다.

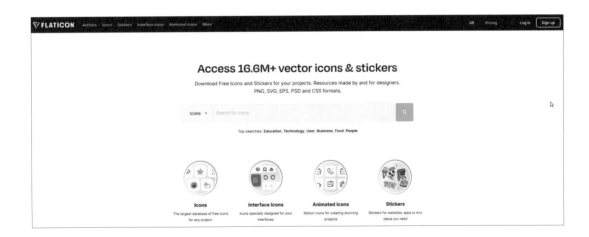

기능 확인하기

1 검색어(한글 지원)에 원하는 텍스트(AI)를 입력한 후 Enter 를 누른다.

2 다운로드할 아이콘 위에 마우스를 올려놓은 후 〈Download〉를 클릭한다.

AI Tip

〈Copy to clipboard〉를 클릭하면 클립보드에 이미지가 저장되기 때문에 파워포인트, 워드 등에서 바로 붙여 넣기해서 사용할 수 있다.

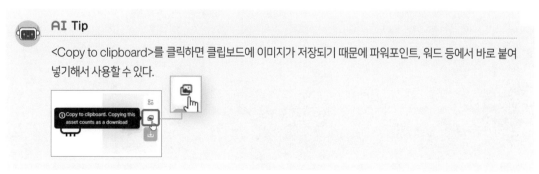

3 〈PNG〉를 클릭한다.

AI Tip

SVG(Scalable Vector Graphics)는 2차원 벡터 그래픽을 표현하기 위한 XML 기반의 파일 형식으로, 확대해도 픽셀이 깨지지 않으며 용량도 기존의 PNG나 GIF보다 작다. SVG 파일을 다운로드하려면 Premium(7.5 EUR/월)으로 가입되어 있어야 한다.

4 〈Free download〉를 클릭한다.

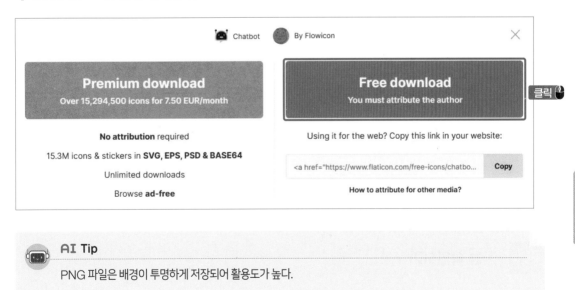

AI Tip

PNG 파일은 배경이 투명하게 저장되어 활용도가 높다.

5 Mangoboard(망고보드)

포스터 만들기

https://www.mangoboard.net

망고보드는 웹 기반의 디자인 및 동영상 제작 플랫폼으로 다양한 템플릿, 디자인 요소, 편집 도구를 제공하여 인터넷 이미지와 인쇄물 제작에 활용할 수 있다. 또한 AI 기술을 활용하여 배경 제거 및 화질 개선 기능을 제공하여 저작권 걱정 없는 자료를 만들 수 있다.

기능 확인하기

1 망고보드에 접속한 후 템플릿을 클릭한다.

2 작업할 템플릿을 클릭한다.

AI Tip

디자인 템플릿 외에 동영상 템플릿, 모션 템플릿도 제공한다.

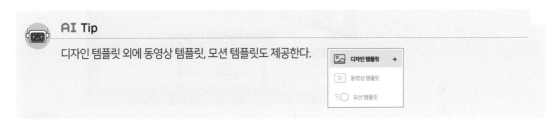

3 〈이 템플릿 편집하기〉를 클릭한다.

여유로운 해외

4 원하는 내용으로 편집한다. 특별히 기능을 익히지 않아도 될 정도로 편집하기 쉽게 되어 있는 것을 볼 수 있다.

6 Miricanvas(미리캔버스)

유튜브 썸네일 만들기

https://www.miricanvas.com

미리캔버스는 디자인 전문가가 아니어도 쉽게 원하는 디자인을 만들 수 있도록 무료 템플릿을 제공하는 서비스로, 사용자는 다양한 템플릿(프레젠테이션, 카드뉴스, 동영상, 소셜 미디어 정사각형, 유튜브 썸네일, 상세페이지, 웹 포스터)을 활용하여 자신만의 디자인을 만들 수 있다. 국내 서비스로 특화된 디자인이 많아 유용하게 사용할 수 있다.

1 를 클릭한 후 〈워크스페이스〉를 선택한다.

AI Tip

사용자가 회원 가입할 때의 이름으로 표시된다. 해설에서는 '모자이크아이씨티'
의 앞 두 글자로 표시했고, 일반적으로 이름을 표시한다.

2 원하는 템플릿(**유튜브 썸네일**)을 클릭한다.

3 AI로 디자인을 작업하기 위해 화면 왼쪽 아래에 있는 _ai_ 를 클릭한다.

AI Tip

화면 왼쪽에 있는 템플릿을 클릭한 후 작업해도 된다. 자체 편집기가 내장되어 있어 초보자도 편리하게 작업할 수 있다.

4 〈AI 도구〉를 클릭한다.

5 화면 왼쪽에서 원하는 작업(**캐릭터 만들기**)을 클릭한다.

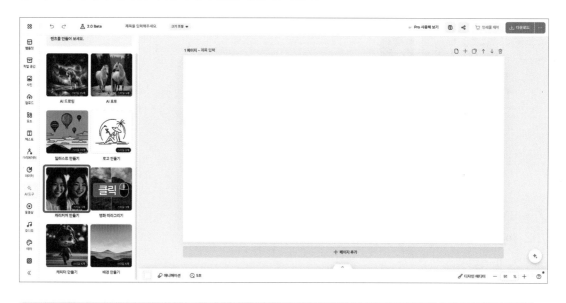

AI Tip

AI 드로잉, AI 포토, 일러스트 만들기, 로고 만들기, 캐리커처 만들기, 명화 따라 그리기, 캐릭터 만들기, 배경 만들기, 흑백사진 컬러복원 등의 작업을 할 수 있다.

6 '이미지 묘사'에서 만들려고 하는 이미지를 묘사하는 텍스트(**스키타는 강아지**)를 입력한 후 〈**생성**〉을
클릭한다.

AI Tip

'스타일'에서 다양한 캐릭터를 설정할 수 있다.

7 이미지에 마우스를 올려놓은 후 〈**이미지 캔버스에 추가**〉를 클릭한다.
기본적으로 4개의 이미지가 생성되며, 다른 이미지가 필요하면 〈**다시 생성**〉
이나 ↺ 을 클릭한다.

8 배경이 투명한 이미지를 넣기 위해 〈**배경 없이**〉를 클릭한 후 〈**이미지 캔버스에 추가**〉를 클릭하고, 두 개의 그림을 나란히 배치한다.

9 이미지를 저장하기 위해 〈**다운로드**〉를 클릭한 후, 파일 형식을 설정하고 〈**고해상도 다운로드**〉를 클릭한다. 이미지는 [다운로드] 폴더에 저장된다.

AI Tip
파일 형식으로는 PNG, JPG, PDF, PPTX, MP4, GIF 등을 지원한다.

AI Tip

고해상도 다운로드	빠른 다운로드
크기가 큰 디자인 문서	크기가 작은 디자인 문서
고품질 다운로드	빠르고 효율적인 다운로드

7 Canva(캔바)

프레젠테이션 만들기

https://www.canva.com

캔바는 웹사이트와 모바일 앱을 통해 누구나 쉽게 전문적인 디자인을 만들고 공유할 수 있는 시각 커뮤니케이션 사이트이다. 250,000개 이상의 무료 템플릿을 제공하여 다양한 디자인 아이디어를 구현할 수 있으며, 직관적인 인터페이스와 다양한 편집 도구로 디자인 초보자도 쉽게 사용할 수 있다.

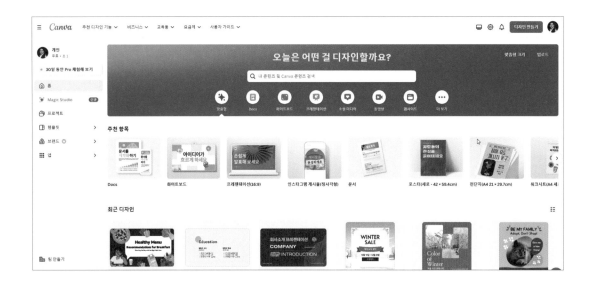

기능 확인하기

1 작업할 템플릿(인스타그램 게시물(정사각형))을 클릭한다.

2 왼쪽에서 템플릿을 클릭한 후 원하는 내용으로 편집한다.

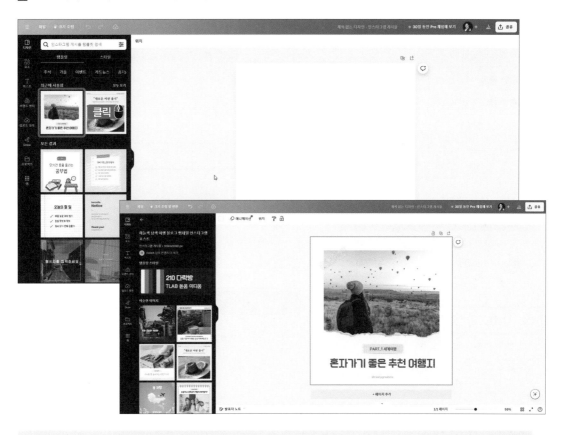

 AI Tip

페이지를 추가하려면 화면 아래에 있는 <+페이지 추가>를 클릭한다.

3 저장하기 위해 화면 오른쪽 위에 있는 〈공유〉를 클릭한다.

4 〈다운로드〉를 클릭한 후 파일 형식을 선택하고 〈다운로드〉를 클릭한다.

 AI Tip

저장할 수 있는 파일로는 JPG, PDF, MP4 동영상, GIF 등이 있다.

8 Downsub(다운섭)
유튜브 자막 다운로드하기

https://downsub.com

DOWNSUB은 무료 웹 애플리케이션으로, 다양한 플랫폼에서 자막을 직접 다운로드할 수 있다. Youtube, VIU, Viki, Vlive 등의 사이트에서 자막을 다운로드할 수 있으며 SRT, TXT, VTT 등의 형식으로 다운로드할 수 있다.

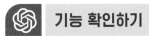 **기능 확인하기**

1 DOWNSUB에 접속한 후 〈LANGUAGE〉를 클릭한 후 **'한국어'**를 선택한다.

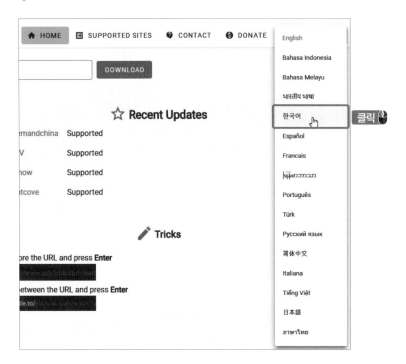

2 유튜브에 접속한 후 영상 URL을 복사한다.

3 주소를 검색어 창에 붙여넣기한 후 《다운로드》를 클릭한다.

4 다운로드할 파일 형식(TXT)을 클릭한다.

5 [다운로드] 폴더에서 텍스트 파일을 더블 클릭하면 내용을 볼 수 있다.

AI Tip

다른 나라 언어로 번역한 후 다운로드할 수도 있다.

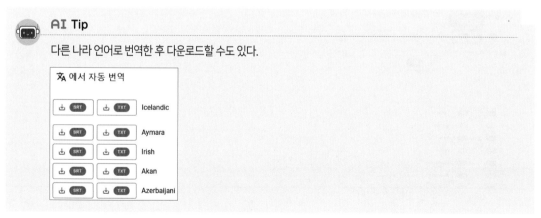

9 웍스AI

나만의 AI 비서 만들기

https://www.native.me

웍스AI는 한글로 쉽게 이용할 수 있는 챗GPT 서비스로 '나만의 비서' 기능을 사용할 수 있다. 이 기능은 보유한 파일을 업로드하여 파일 내용을 기초로 질문할 수 있는 기능이다. 예를 들어 기업의 고객센터 응대 메뉴얼을 업로드한 후 AI 비서에게 '고객에게 이런 질문이 들어왔을 때 어떻게 대답해야 해'라는 질문을 하면 첨부된 고객 응대 메뉴얼 내용을 바탕으로 '이럴 때는 이렇게 대답해야 합니다'라고 맞춤형 답을 제공한다.

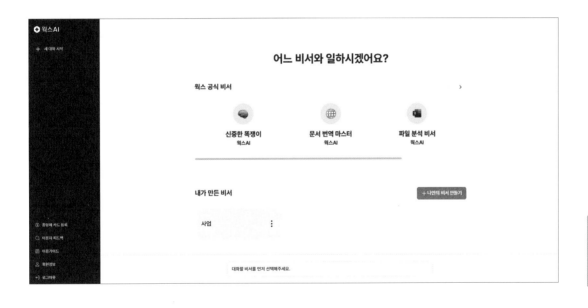

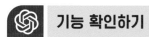

1 원하는 비서(데이터 분석)를 클릭한다.

2 분석할 파일을 업로드하기 위해 화면 아래에 있는 파일 첨부 아이콘(📎)을 클릭한 후 분석할 파일을 선택하고 〈열기〉를 클릭한다.

3 원하는 내용(10줄로 요약)을 입력한 후 Enter를 누른다.

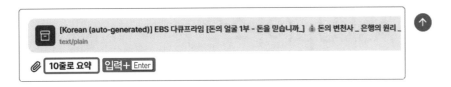

4 열심히 작업 중인 모습을 볼 수 있다.

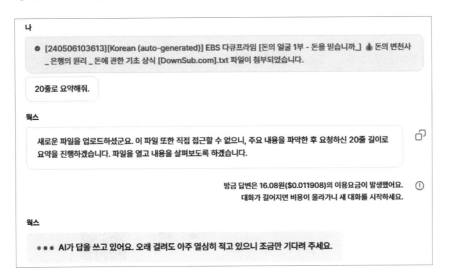

5 10줄로 요약된 것을 볼 수 있다.

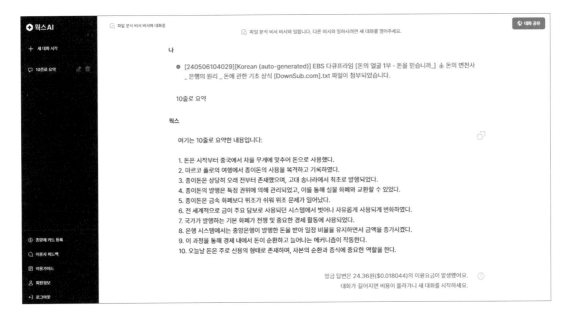

10 AskUp(아숙업)

카카오톡에서 AI 이미지 생성하기

https://pf.kakao.com/_BhxkWxj

아숙업은 Upstage에서 출시한 KakaoTalk 기반의 AI 챗봇 서비스로 ChatGPT와 OCR 기술을 활용하여
사용자들이 다양한 질문을 하면 친절하게 답변해 주는 것이 특징이다. 이미지 생성 기능은 사용자가 원하는
이미지를 만들어 주는 '그려줘' 기능과 얼굴 이미지를 바탕으로 이미지를 더 젊게, 혹은 더 멋지게 바꿔주는
기능 등이 인기가 많다.

기능 확인하기

1 카카오톡에서 검색어에 '**Ask**'를 입력한 후
채팅방 〈AskUp〉을 클릭한다.

2 생성할 이미지의 내용(**비가 내리는 멋진
도시풍경 만들어줘**)을 입력한 후 ↑ 을 클릭
한다.

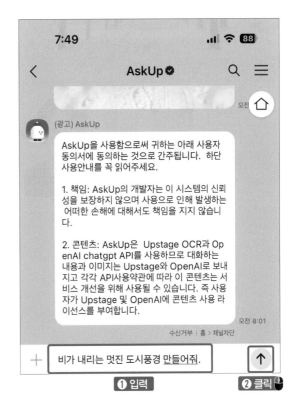

3 멋진 이미지가 생성된다.

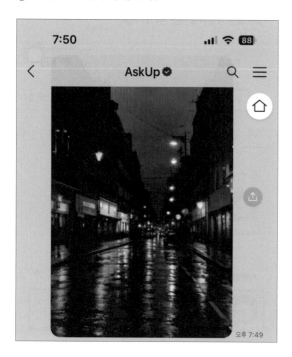

 AI Tip

사진을 업로드 후 만들고 싶은 내용(멋있게 그려줘)이나 하단의 내용(멋있게, 젊게 등) 중 하나를 선택하면 사진도
멋지게 꾸밀 수 있다.

11 Noonnu(눈누)

필요한 폰트 무료로 다운로드하기

https://noonnu.cc

눈누는 다양한 폰트를 제공하는 사이트로 한글 폰트를 비롯한 여러 종류의 폰트를 무료로 다운로드할 수 있으며, 상업적 용도로 사용할 수 있는 폰트도 많이 포함되어 있다. 웹사이트에 접속하면 다양한 폰트를 미리보기하고, 필요한 폰트를 쉽게 찾을 수 있다. 대부분이 무료로 사용할 수 있는 장점이 많은 사이트이다.

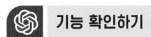
1 화면에서 원하는 폰트(어그로체)를 클릭한다.

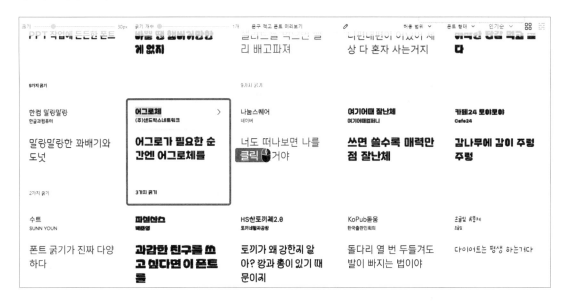

2 〈다운로드 페이지로 이동〉을 클릭한다.

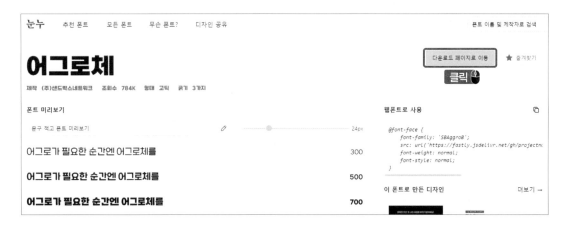

 AI Tip

폰트 설치는 해당 폰트를 제작한 홈페이지에서 다운로드하여 설치하는 구조로 되어 있다.

3 폰트를 만든 홈페이지로 이동하면 컴퓨터(**윈도우용**)에 맞는 폰트를 클릭한다.

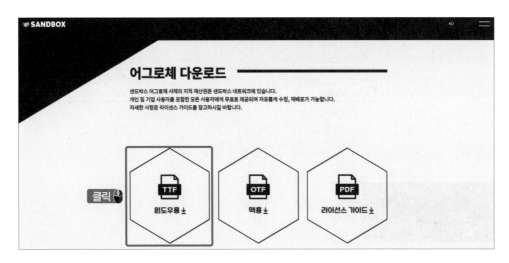

4 [다운로드] 폴더에 저장되면 압축을 해제한 후 설치하기 위해 폰트(**SB 어그로 B**)를 더블 클릭한다.

5 〈설치〉를 클릭하면 'C:₩Windows₩Fonts' 폴더에 자동으로 저장된다.

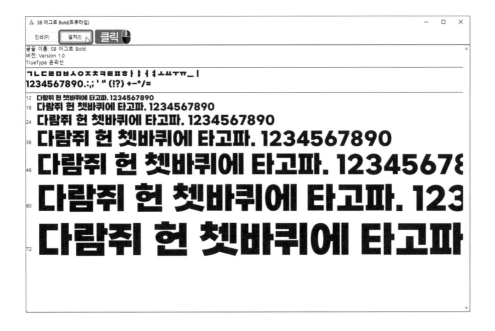

PART 07

6 동일한 방법으로 나머지 폰트들도 설치한다.

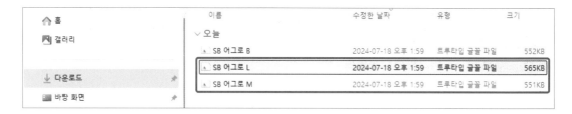

7 파워포인트 같은 응용 프로그램에서 설치한 폰트 리스트들을 볼 수 있다.

· 함께 보면 좋은 책 ·

AI가 바꾸는 학교 수업
챗GPT 교육 활용

★QR 스캔하기★

교육 분야에서 오랜 경험의 저자가 인공지능의 개념 설명, 다채로운 교육 활용 방법, 자기 주도 학습을 포함한 파이썬 코딩 학습까지 사용자가 챗GPT와 함께 교육하는 과정을 차근차근 가이드한다. 자기 주도 학습을 시작하는 학생, 교육과 업무에 시달리는 교사, 인공지능과 코딩 교육을 원하는 학부모, 콘텐츠 기획과 홍보를 담당하는 직장인까지 챗GPT를 제대로 활용할 수 있다.

오창근, 장윤제 지음 / 180 x 235 / 368쪽 / 23,000원

일상에서 업무까지
누구나 원하는 정보와 작업물을 얻다!
챗GPT & AI 활용법

★QR 스캔하기★

챗GPT 처음 사용자를 위해 정확한 답변을 위한 질문법과 기본적인 챗GPT 사용 방법부터 기능을 업그레이드하여 원하는 정보에 정교하게 접근하기 위한 방법, 챗GPT와 AI 기능을 이용한 다양한 그림과 이미지, 영상 제작 노하우를 제공한다. 챗GPT와 AI로 최상의 결과물을 만들어 볼 수 있다.

앤미디어 지음 / 180 x 235 / 296쪽 / 20,000원

쇼핑몰 QR코드 ▶다양한 전문서적을 빠르고 신속하게 만나실 수 있습니다.
경기도 파주시 문발로 112번지 파주 출판 문화도시   TEL. 031)950-6300   FAX. 031)955-0510

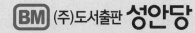
BM (주)도서출판 성안당

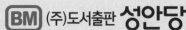